KOGEBOGEN OM FOOD TRUCK OG GADEKØKKEN

100 LÆSKENDE STREETFOOD-OPSKRIFTER

EMILIE BJÖRK

Alle rettigheder forbeholdes.

Ansvarsfraskrivelse

Oplysningerne i denne e-bog er beregnet til at tjene som en omfattende samling af strategier, som forfatteren af denne e-bog har forsket i. Resuméer, strategier, tips og tricks er kun anbefalinger fra forfatteren, og læsning af denne e-bog garanterer ikke, at ens resultater nøjagtigt vil afspejle forfatterens resultater. Forfatteren af e-bogen har gjort enhver rimelig indsats for at give aktuelle og nøjagtige oplysninger til e-bogens læsere. Forfatteren og dens medarbejdere vil ikke blive holdt ansvarlige for eventuelle utilsigtede fejl eller udeladelser, der måtte blive fundet. Materialet i e-bogen kan indeholde oplysninger fra tredjeparter. Tredjepartsmateriale inkluderer meninger udtrykt af deres ejere. Som sådan påtager forfatteren af e-bogen sig ikke ansvar eller ansvar for noget tredjepartsmateriale eller udtalelser. Uanset om det er på grund af internettets udvikling eller de uforudsete ændringer i virksomhedens politik og redaktionelle retningslinjer for indsendelse, kan det, der er angivet som kendsgerning på tidspunktet for dette skrivende, blive forældet eller uanvendeligt senere. E-bogen er copyright © 2022 med alle rettigheder forbeholdt. Det er ulovligt at videredistribuere, kopiere eller skabe afledt arbejde fra denne e-bog helt eller delvist. Ingen dele af denne rapport må reproduceres eller genudsendes i nogen som helst form uden udtrykkelig skriftlig og underskrevet tilladelse fra forfatteren.

INDHOLDSFORTEGNELSE

INDHOLDSFORTEGNELSE 3
INTRODUKTION 8
   HVAD ER STREET FOOD? 8
   VERDENS BEDSTE BYER TIL STREETFOOD 9
MORGENMAD OG BRUNCH 10
   1. VELSMAGENDE PANDEKAGER (KOREA) 11
   2. CREPES (FRANKRIG) 14
   3. CONGEE (HONG KONG) 17
   4. FOCACCIA (ITALIEN) 20
   5. FUJIANESISK ØSTERSOMELET 23
   6. HVEDE- OG KØDGRØD (IRAN) 26
   7. OKONOMIYAKI (JAPAN) 29
   8. HIRSEGRØD (BURKINA FASO) 32
SNACKS OG BIDDER 35
   9. KØD - FYLDT KAGER (MONGOLIET) 36
   10. ÆBLEDONUTS (DANMARK) 40
   11. BARBUDOS (COSTA RICA) 43
   12. CASSAVA PONE (GUYANA) 46
   13. CAUSAS (PERU) 49
   14. CHAPLI KEBAB (AFGHANISTAN) 52
   15. CORN DOGS (USA) 55
   16. FELAFEL (ISRAEL) 58
   17. CONG YOU BI NG (KINA) 61
   18. GUGHNI (INDIEN) 64

19. Frikadeller (Tyrkiet) 67
20. Kyllingekabobs (Iran) 70
21. Kartoffelbrød (Norge) 74
22. Masala Vadai (Sri Lanka) 77
23. Mofongo (Puerto Rico) 80
24. Momos (Nepal) 83
25. Fåre-kebab (Centralasien) 86
26. Nalistniki (Hviderusland) 89
27. Oliebollen (Donuts, Holland) 92
28. Pakoras (Indien) 95
29. Pav Bhaji (Indien) 98
30. Pholourie (Trinidad) 101
31. Piri-Piri kylling (Mozambique) 104
32. Pirozhki (Rusland) 107
33. Pofesen (Østrig) 112
34. Pupusa (El Salvador) 115
35. Salsa Criolla (Argentina) 118
36. Seadas eller Sebadas (Italien) 120
37. Shashlyk (Grillet kød på spidd) 124
38. Sopaipillas (græskarfritter, Chile) 127
39. Souvlaki (Grækenland) 130
40. Tacos (Mexico) 133
41. Tamales (Mexico) 136
42. Kebab af hakket oksekød (Marokko) 139
43. Tempeh Satay (Thailand) 142
44. Thit Heo (Vietnam) 145
45. Tostadas de Chicharo (Mexico) 148
46. Tunesisk Fricassée (Tunesien) 151
47. Turon (Filippinerne) 155
49. Yellow Man Irish Toffee (Irland) 160

50. BOULANEE (AFGHANISTAN) 163

HOVEDRET **167**

   51. SPRØD SVINEKAM (DANMARK) 168
   52. KYLLING KIEV (UKRAINE) 170
   53. BEEF PLOV (BUKHARA, USBEKISTAN) 174
   54. SORTE BØNNER (GUATEMALA) 178
   55. SORT PEBERKRABBE (SINGAPORE) 180
   56. KOGT CHANNA (GUYANA) 183
   57. FRIED MEAT PATTIES (TYSKLAND) 186
   58. FISH BALL NUDLESUPPE (HONG KONG) 189
   59. MAJSSUPPE (TRINIDAD) 192
   60. DAKKOCHI (KOREA) 195
   61. FISH & CHIPS (STORBRITANNIEN) 198
   62. FRIED CHICKEN STRIPS (AFRIKANSK) 201
   63. POMMES FRITES MED MAYONNAISE (BELGIEN)
   204
   64. FUL MEDDAMES (MASH EGYPT) 207
   65. IRIO (KENYA) 211
   66. KYLLING KABIRAJ I (INDIEN) 214
   67. NIHARI (BEEF STEW, PAKISTAN) 217
   68. NOHUTLU PILAV (RIS PILAF , TYRKIET) 220
   69. KARTOFFELKARRY (INDIEN) 223
   70. RIS OG BØNNER (BELIZE) 226
   71. RIS GRAZ (FRIED RICE, BURKINA FASO) 229
   72. RISTEDE HJERTEMUSLINGER (CAMBODJA) 232

SANDWICHES & WRAPS **234**

   73. SVINEKAM SANDWICH (DANMARK) 235
   74. KRYDRET FISKESANDWICH (LIBANON) 239

75. Zapiekanka (Polen) 245
76. Chicken Stuffing Sandwich (Irland) 248
77. Burritos (USA) 250
78. Shawarma Ghanam (Libanon) 253

SALATER & SUPPER 257

79. Grøn papayasalat (Thailand) 258
80. Papayasalat (Laos) 261
83. Nudelsuppe, Myanmar) 263
81. Oksekødsnudelsuppe (Vietnam) 266
82. Oksekødsnudelsuppe (Taiwan) 270

DESSERTER 273

83. Aloo Pie (Trinidad) 274
84. Pie Floater (Australien) 277
85. Fiadu (Surinam) 281
86. Fiskekaker (Fiskekager, Norge) 286
87. Kaiserschmarrn (Dumplings, Østrig) 289
88. Karantita Algérienne (Algeriet) 292
89. Kremówka Papieska (Polen) 296
90. Pandebrød (Israel) 299
91. Mælkebudding (Libanon) 302
92. Risengrød (Ægypten) 305
93. Vetkoek (Oliekager, Sydafrika) 308
94. Hakket svinekød wonton (Kina)   311

INTRODUKTION

Hvad er Street Food?

En almindelig definition af begrebet "gademad" er mad tilberedt af en sælger og solgt fra en friluftsstand, vogn, lastbil eller måske en markedsbod. Maden, der serveres, er normalt i kategorierne fast- og snackmad; det vil sige, tilberedt hurtigt af færdiglavede ingredienser og serveret rettidigt. Gademad er også normalt spist uden hånd, beregnet til at blive indtaget på stedet eller mens du går.

Gademad har bredere definitioner og betydninger end blot snacks, der spises af folk på farten. Street food er kommercielt, fordi det laves af individuelle iværksættere og sælges til kunder. Det er mad, der tilhører byer og byer, hvor som helst hvor folk samles til forretning eller endda rekreation. Derfor kan de steder, hvor disse fødevarer serveres, ikke kun omfatte gader, men også udendørs og lukkede markeder, hvor enkeltpersoner sælger varer. De små stande på Mexicos madmarkeder, kaldet fondas, er eksempler. Andre spillesteder omfatter forlystelsesområder såsom karnevaler, messer og strandpromenader, og atletiske begivenheder, bus- og togstationer og skoler.

Verdens bedste byer til streetfood
1. Bangkok, Thailand
2. Singapore
3. Penang, Malaysia
4. Marrakesh, Marokko
5. Palermo, Sicilien
6. Ho Chi Minh City, Vietnam
7. Istanbul, Tyrkiet
8. Mexico City, Mexico
9. Bruxelles, Belgien
10. Ambergris Caye, Belize (ceviche ved stranden)

MORGENMAD OG BRUNCH

1. Velsmagende pandekager (Korea)

Ingredienser:

- 1-1/2 kopper flåede, gule mungbønner
- 1 kop kimchi juice
- 1/4 kop vand
- 3/4 kop hakket kimchi
- 1/2 kop bønnespirer
- 3 grønne løg skåret i skiver og skåret i 3-tommer stykker
- 1 spsk hakket hvidløg
- 1 spsk hakket ingefær
- 1 spsk fiskesauce
- 1 spsk sesamolie
- Madolie

Dyppesauce

- 1/2 kop sojasovs
- 1/4 kop riseddike
- 1 spsk sesamolie
- 1/2 tsk gochucharu
- 1/4 tsk sesamfrø
- 1 hakket grønt løg

Rutevejledning:

1. Læg mungbønnerne i blød i vand natten over. Kom bønner, kimchi, juice, vand, hvidløg, ingefær, fiskesauce og sesamolie i en blender.

2. Puls ingredienserne, indtil de er blandet til en dej. Blend ikke for meget: dejen skal være groft og en smule grynet. Hvis det er for tykt, tilsæt lidt mere vand. Vend dejen i en stor skål og bland kimchi, bønnespirer og grønne løg i. Kom dejen i portioner på en varm, olieret stegepande.

3. Steg på hver side, indtil de er brune og sprøde. Læg pandekager på et køkkenrulle for at absorbere overskydende olie. Spis med dipsaucen.

2. Crepes (Frankrig)

Ingredienser:

- 1 kop mel
- 1 tsk hvidt sukker
- 1/4 tsk salt
- 3 æg
- 2 kopper mælk
- 2 spsk smør, smeltet

Rutevejledning:

1. I en stor skål sigtes mel, sukker og salt sammen; sæt til side.
2. I en separat stor skål piskes æg og mælk sammen med en elektrisk røremaskine, indtil det er glat og let skummende.
3. Pisk melblandingen i, indtil den er glat.
4. Rør smeltet smør i.
5. Opvarm en let olieret seks til otte tommer stegepande eller crepepande over medium høj varme.
6. Hæld eller øs dejen på panden ved at bruge cirka to spiseskefulde til hver crepe.

7. Vip og drej komfuret for at sprede dejen så tyndt som muligt. Brun på begge sider, tag dem ud på en tallerken og fyld eller top efter ønske. Serveres varm .
8. Gør seks.

3. Congee (Hong Kong)

Ingredienser:

- 10 dl hønsefond
- 3 spsk medium-tør sherry
- 3 skiver ingefær, cirka 1/4 tomme tykke
- 3 grønne løg, kun den hvide del, skåret langt, og knust med den flade af en kniv
- 1 kop langkornet ris
- 1 kyllingebryst, kogt og strimlet
- 4 spsk finthakket ingefær
- 4 spsk finthakkede grønne løg
- 2 spsk sesamolie

Rutevejledning:

1. Hæld hønsefond i en stor gryde. Tilsæt sherry, ingefær og grønne løg. Bring i kog, reducer varmen med det samme, og lad det simre ved lav varme i 15 minutter.
2. Sæt væsken tilbage i kog og tilsæt ris, reducer derefter varmen, lad det simre og rør jævnligt, indtil risen er kogt, og blandingen har en konsistens

som havregryn. Rør af og til i cirka to timer.

3. Lad det stå i cirka 30 minutter for at tykne.
4. Top med kyllingebryst, hakket ingefær, hakkede grønne løg og sesamolie; tjene.
5. Serverer fire.

4. Focaccia (Italien)

Ingredienser:

- 16 ounce universalmel
- 4 ounce semulje (durum hvedemel)
- 1 pakke tørgær
- 2 teskefulde sukker
- 2 teskefulde salt
- 2 kopper varmt vand (105-110°F)
- 1/2 kop ekstra jomfru olivenolie

Toppings

- En 14-ounce dåse tomater
- 2-3 tsk tørret oregano
- 2 spsk kapers
- 1/2 grønne eller tilbage oliven (valgfrit, men stærkt anbefales)

Rutevejledning:

1. Forvarm ovnen til 400°F

2. I en stor skål kombineres mel, gær, sukker og salt og blandes godt. Tilsæt langsomt vandet og begynd at blande med hænderne, og bryd eventuelle klumper. Når dejen er glat

(den skal næsten være flydende), dæk den med et håndklæde (og et lunt tæppe, hvis rummet er køligt), og lad den hæve i 1-1/2 time et lunt sted. Dejen skal fordobles i størrelse og have bobler i slutningen af hævningen. Ønsker du en tykkere focaccia, så lad dejen hæve yderligere 1/2 time.

3. Forbered tre 9-tommer bageforme eller en 17 × 13-tommer bageplade. Fordel olivenolien på bunden og siderne af gryden(e), og efterlad ingen tørre pletter.

4. Hæld focaccia-dejen i gryden og fordel jævnt. Fordel dåsetomater på overfladen af dejen, drys med oregano og kapers (og oliven, hvis det ønskes). Drys med havsalt og dryp med lidt olivenolie.

5. Bages i forvarmet ovn i 45 minutter.

6. Serverer 12-16.

5. Fujianesisk østersomelet

Ingredienser:

- 1 dusin små østers, shucked, omkring 10-12 ounces
- 2 sammenpisket æg
- 2 spsk sød kartoffelmel
- 1/4 kop vand
- Finhakket koriander og grønne løg
- Salt peber
- 2 spsk spæk eller olie til stegning

Rutevejledning:

1. I en stor skål laves en tynd dej med sød kartoffelmel og vand. Sørg for, at mel er helt opløst.
2. Varm pande til rygning. Smør overfladen af panden med spæk eller olie.
3. Hæld sød kartoffeldej i. Når den er næsten helt sat, men stadig våd på toppen, hældes pisket æg i med salt og peber.
4. Når undersiden af omelet med stivelse er gylden, og det

sammenpiskede æg er halvvejs stivnet, brydes omeletten i stykker med en spatel. Skub dem til den ene side.

5. Tilsæt østers, grønne løg og koriander og steg i 1/2 min. Fold og vend med æg.

6. Server med varm sauce eller den søde chilisauce (tian la jiang) efter eget valg.
7. Serverer to.

6. Hvede- og kødgrød (Iran)

Ingredienser:

- 1 pund lams skulder og ryg
- 2 ounce tørrede kikærter
- 4 ounces tørrede hvedekorn (rød hvede er godt)
- 2 mellemstore løg
- 3 spiseskefulde vegetabilsk olie
- 1/2 tsk gurkemeje
- Pynt: Flormelis, kanelpulver og smeltet smør efter smag

Rutevejledning:

1. Vask og skyl hvede og kikærter hver for sig og læg dem i blød i koldt vand natten over.
2. Dagen efter skal du flå ærterne og hveden.
3. Vask og tør kødet og skær det i stykker.
4. Pil og skær løgene i seks stykker.
5. Varm olien op i en mellemstor pande og steg løgene, indtil de er gennemsigtige.

6. Bland gurkemeje i og tilsæt kødstykkerne. Rør godt rundt for at lukke kødet på alle sider.

7. Afdryp og tilsæt kikærterne til kødet og bland godt. Hæld en halv liter vand eller bouillon i gryden og bring det i kog. Smag til efter smag.

8. Skru ned for varmen og lad det simre, indtil kødet næsten er gennemstegt. Sigt og tilsæt hveden til blandingen og lad det simre, indtil alle ingredienserne er gennemstegte. Tilsæt vand efter behov og rør jævnligt under tilberedningen.

9. Når den er tilberedt, hældes blandingen i en gryde og stødes med den flade ende af en bøfmørner, indtil kødet er strimlet og en klistret grødlignende konsistens opnås. Hvis blandingen er løsere end grøden, hældes den tilbage i gryden og vendes tilbage til lav varme. Rør konstant, indtil det er tykkere, og tilsæt flormelis efter smag.

10. Hæld i individuelle skåle. Pynt med et drys kanel og flormelis og en klat smør inden servering.

11. Serverer fire.

7. Okonomiyaki (Japan)

Ingredienser:

Pandekagen
- 2 ounce almindeligt universalmel plus en knivspids salt
- 5 æg
- 1 lille hvidkål, fintrevet
- Katsuobushi flager efter ønske
- 6 ounce tyndt skåret okse- eller svinekød, skåret i skiver, eller 3 ounce blæksprutte, skåret i strimler
- 1 spsk madolie, til stegning

Rutevejledning:

1. Bland alle ingredienserne i en skål, tilsæt lidt vand, hvis blandingen er for tyk til at smøres ud, og form til en stor eller flere mindre tykke pandekager.
2. Varm olie op i en tyk pande ved lav varme. Tilsæt pandekage og steg langsomt vendende, når den ene side er færdig med at koge den anden.

3. Når pandekagen er gennemstegt, lægges den på et fad og pensles med saucen, drysses derefter med aonori (tørrede tangflager), skæres i mundfulde og spises med spisepinde.

8. Hirsegrød (Burkina Faso)

Ingredienser:

- 1 kop hirse
- 2 kopper vand

Rutevejledning:

1. Læg hirsen i blød i fire dage, dræn derefter og vask den. Kværn det til en pasta i en morter eller en foodprocessor.
2. Opvarm de to kopper vand i en tildækket beholder (gryde), indtil de er varme. Tilsæt hirsepastaen til det varme vand og rør konstant for at undgå klumper, indtil kogepunktet. Lad blandingen koge i 10-15 minutter. Tilsæt mere hirsepasta, lidt ad gangen, mens du fortsætter med at røre, indtil den bliver tyk.
3. Server med gryderetter eller chili-baserede saucer.
4. Serverer seks til otte.

SNACKS & BIDER

9. Kødfyldt wienerbrød s _ (Mongoliet)

Ingredienser:

Dej
- 2-1/4 kopper mel
- 1/4 tsk salt
- Cirka 1 kop vand

Fyldning
- 1 lb hakket eller hakket fedt okse- eller fårekød
- 1-1/2 tsk salt
- 1/4 tsk stødt sort peber
- 1/2 tsk merian
- 1/2 løg, finthakket
- 1-2 fed hvidløg, finthakket
- 1/2 kop olie til stegning (fårefedt er traditionelt, men madolie virker)

Rutevejledning:

1. I en stor skål kombineres mel og salt.
2. Tilsæt en halv kop vand til melet, og fortsæt derefter med at tilføje vand lidt ad gangen, og bland det grundigt, indtil du har en ru, tør dej, omtrent

som den til tærtebunden. Ælt til dejen er glat og elastisk. Dæk til og lad hvile i 5-10 minutter.

3. I en separat skål kombineres kød, salt, sort peber, merian, hakket løg og hakket hvidløg. Bland grundigt. Hvis det er tørt, tilsæt et par dråber vand for at fugte.

4. Del dejen i kvarte. Rul hver fjerdedel til en cylinder og skær i halve. Rul hver halv cylinder til en cirkel omkring fem til seks tommer på tværs.

5. Placer omkring 2 til 2-1/2 spiseskefulde af fyldet på den ene side af cirklen, så der er plads omkring den udvendige kant. Fold den anden side over, hvilket skaber en halvmåne. Klem kanterne sammen, klem luft ud og flad fyldet ud, mens du arbejder. Gentag processen med resten af fyldet og dejstykkerne.

6. Hæld olie i en bradepande, til en dybde på cirka 1/2 tomme. Varm olie op, indtil den er varm. Steg to eller

tre kager ad gangen i to minutter på hver side, indtil de er gyldenbrune og kødet er gennemstegt. Hushuuren kan spises varm eller kold .

7. Laver otte kager.

10. Æbledonuts (Danmark)

Ingredienser:

- 1 kop mel
- 1 spsk sukker
- 1/4 tsk groft salt
- 1 tsk bagepulver
- 2 tsk stødt kardemomme
- 3 æggeblommer
- 1-3/4 kopper kærnemælk
- Knip fintrevet citronskal
- 3 æggehvider
- 3-1/2 spsk smør, smeltet

Fyldning:

- 1 æble, finthakket eller pureret, svesker eller rosiner

Rutevejledning:

1. Sigt mel i en skål og bland med sukker, salt, natron og kardemomme.
2. Pisk æggeblommer med kærnemælk og riv citronskal i blandingen. Tilsæt melblandingen gradvist, indtil dejen er jævn. Lad det hvile i en halv time.

3. Pisk æggehvider i en separat skål til de er stive. Vend forsigtigt i dejen.

4. Varm æbleskiver-pande op på en mellemhøj komfur. Hæld en teskefuld smeltet smør i hver fordybning. Fyld fordybningerne med dej næsten til kanten. Sæt panden på blusset og kog indtil kanterne begynder at boble.

5. Læg en teskefuld fyld i hver, mens midten stadig er flydende. Vend æbleskiveren med en gaffel eller et træspyd, og kør den rundt i kanten af hver æbleskiver. Vend dem, så snart de har fået en skorpe og er smukt lysebrune. Vend æbleskiveren et par gange, så de er jævnt bagte efter seks-otte minutter.

6. Fjern fra panden og hold varm i ovnen ved 200°F, mens resten bages.

7. Spis med tilbehør, hvis det ønskes.

8. Gør 25-30, nok til seks portioner.

11. Barbados (Costa Rica)

Ingredienser:

- 1/2 pund friske grønne bønner med enderne klippet af
- Vand til at dække
- 2 æg
- 2 spsk mel
- 1 tsk salt
- 1/2 tsk malet chilipulver, eller efter smag
- 6 spsk vegetabilsk eller olivenolie til stegning

Rutevejledning:

1. Snit grønne bønner og sæt til side. Kom vand i en dyb gryde, bring det i kog. Tilsæt grønne bønner og kog i et til to minutter, eller indtil de er lidt møre. Dræne.
2. Læg æggene i en skål og pisk til det er lyst. Pisk mel, salt og stødt chilipulver i.
3. Kom bønner i æggeblandingen og dæk dem godt.

4. Varm olie op i en dyb, tung pande. Når de er varme (325°F), lægges et par bønner i den varme olie og steges, indtil de er lyse gyldenbrune. Afdryp på køkkenrulle og hold varmt. Gør det samme med resten af bønnerne.

5. Serveres varm.
6. Serverer fire.

12. Cassava Pone (Guyana)

Ingredienser:

- 2 mellemstore æg
- 1 kop granuleret sukker
- 1/2 tsk salt
- 1-1/2 pund fintrevet kassava/maniok (kan købes frossen, færdigrevet)
- 1 tsk stødt kanel
- 1/4 tsk revet muskatnød
- 1/4 tsk fintkværnet sort peber (valgfrit)
- 4 spsk smør, smeltet
- 12 flydende ounce kokos- eller mejerimælk

Rutevejledning:
1. Forvarm ovnen til 350°F.
   2. Smør en dyb ni-tommer firkantet glasfad eller kageform.
   3. Pisk æggene med sukker og salt, indtil de er blege og let tykne.

4. Tilsæt revet maniok/maniok og de øvrige ingredienser og bland grundigt, indtil det er glat.
5. Skrab dejen ud i fadet eller panden og bag i en forvarmet ovn i cirka 1 til 1-1/4 time, indtil den er gennemstegt. Toppen skal være gyldenbrun de fleste steder.
6. Lad det køle af i fadet eller panden og server i firkanter. Den er meget tæt, så hold portionerne små til at starte med.
7. Serverer fire til seks.

13. Causas (Peru)

Ingredienser:

- 2 pund kartofler
- 4 spsk ají amarillo pasta
- 1/2 kop vegetabilsk olie
- Saft 1 nøglelime
- 1 dåse tunfisk pakket i olie
- 1/2 løg, finthakket
- 1 kop mayonnaise
- 1 avocado, skåret i skiver
- Salt
- To hårdkogte æg, skåret i skiver
- 1/4 kop skiver sorte oliven

Rutevejledning:

1. Kog kartoflerne i saltet vand. Skræl og mos mens den er varm. Lad afkøle og bland grundigt med ají amarillo-pastaen, vegetabilsk olie og limesaft. Salt efter smag.
2. Bland tunen med de hakkede løg og mayonnaise.
3. Læg et lag af kartoffelmosen på et serveringsfad, og fordel med en tynd

hinde mayonnaise. Læg avocadoskiverne ovenpå. Fordel et andet lag kartoffelmos og dæk med tunmayonnaisen.

4. Dæk med et sidste lag kartofler og pynt med skiver hårdkogte æg og sorte oliven.

14. Chapli Kebab (Afghanistan)

Ingredienser:

- 1 pund finthakket lam eller oksekød
- 12 ounce grønne løg, fint hakket
- 4 ounce hvidt mel
- 1/2 sød peberfrugt (grøn eller rød), udkernet og finthakket
- 4 varme grønne chilier, fritstillet og finthakket (brug mindre, hvis en mildere version foretrækkes)
- 3-4 spsk frisk koriander, finthakket
- 2 tsk malet korianderfrø
- Salt efter smag
- 1/2 kop vegetabilsk olie til stegning
- 1/4 kop ekstra frisk koriander til pynt
- 12 skiver citron

Rutevejledning:

1. Læg kød, grønne løg, mel, begge slags peber, frisk og stødt koriander og salt efter smag i en skål og bland og ælt grundigt, indtil blandingen er glat og klistret. Form blandingen til flade

aflange stykker ca. 6 x 4 tommer og 1/4 tomme tykkelse.

2. Opvarm nok vegetabilsk olie i en stegepande til at stege kebaberne (som næsten burde være dækket af olien) og steg ved middel til høj varme, indtil de er brune på begge sider og gennemstegte (ca. 10 minutter).

3. Server med en tomat- og løgsalat og chapatti eller naan. Pynt med frisk koriander og citronbåde.
4. Gør 12.

15. Corn Dogs (USA)

Ingredienser:

- 1-1/3 kopper majsmel
- 2/3 kop mel
- 1 spsk sukker
- 1 tsk tør sennep
- 1 tsk bagepulver
- Salt efter smag
- 1/2 kop mælk
- 1 æg, let pisket
- 1 spsk smeltet matfett
- 6 frankfurtere
- 6 spyd eller pinde

Rutevejledning:

1. Opvarm olie til friturestegning ved 375°F.

2. I en stor skål kombineres majsmel, mel, sukker, sennep, bagepulver og salt. Bland godt.

3. Tilsæt mælk, æg og bagefedt, bland indtil meget glat. Hæld blandingen i et højt glas.

4. Sæt frankfurterne på pinde. Dyp dem i majsmelsdejen for at dække dem jævnt.

5. Frituresteg i olie opvarmet til 375 grader, indtil de er gyldenbrune, cirka to minutter. Afdryp på køkkenrulle.

6. Gør seks.

16. Felafel (Israel)

Ingredienser:

- 1 kop tørrede kikærter, kogte
- 1 fed hvidløg, let knust
- 1 mellemstor løg, hakket
- 1 tsk stødt koriander
- 1 tsk stødt spidskommen
- 1-1/2 tsk cayennepeberpulver
- 1/2 kop hakket persilleblade
- 1/2 tsk salt
- 1/2 tsk sort peber
- Saft af 1 hel citron, presset
- Canola eller majsolie til stegning

Rutevejledning:

1. Kom kikærter i skålen på en foodprocessor. Tilsæt de resterende ingredienser undtagen olie. Puls indtil finthakket, men ikke pureret, skrab siderne af skålen ned.
2. Tilsæt eventuelt opblødningsvand for at tillade blandingen at danne en kugle – lav ikke en grødet pasta.
3. Placer omkring to tommer olie i en stor, dyb gryde til en dybde på

mindst to tommer. Opvarm olie til omkring 350°F.

4. Form spiseskefulde dej i form af kugler eller små bøffer. Steg i omgange, indtil de er brune, vend efter behov. Tilberedningstid vil være fem minutter. Serveres varm i pitabrød med hakkede agurker og tomater og hummusdip.

5. Serverer fire.

17. Cong You Bing (Kina)

Ingredienser:

- 1 kop mel
- 1/2 kop kogende vand
- 1/2 tsk salt
- 2 spsk spæk eller sesamolie
- 3 grønne løg, hakket (brug kun den grønne del)
- Ekstra mel til at rulle dejen
- Spæk eller vegetabilsk olie til stegning

Rutevejledning:

1. Bland mel og kogende vand sammen, indtil der dannes en våd dej. Ælt godt. Lad dejen trække i 30 minutter.
2. Drys arbejdsfladen med mel. Rul dejen til en bjælke og del den i to lige store kugler.
3. Rul hver dejkugle ud til en flad cirkel. Pensl overfladen af cirklen med olie.
4. Rul cirklen, som du ville gøre et tæppe. Sno dette rør til en spole eller i form af en snegl.

5. Flad forsigtigt ud med en rulle. Pensl overfladen igen med olie eller svinefedt.
6. Drys med grønne løg og krydr med salt.
7. Rul igen som tidligere, først som et tæppe, derefter til en spole. Flad igen forsigtigt og rul til en syv-tommer cirkel.
8. Steg begge sider i svinefedt eller vegetabilsk olie, indtil de er gyldne. Gentag med anden kugle dej. Skær i tern til servering.
9. Serverer fire.

18. Gughni (Indien)

Ingredienser:
- 1/2 pund friske kikærter
- 2 spsk revet kokos
- 1 tsk sukker
- 2 spsk ghee (klaret smør)
- 1 spsk stødt sort peber
- Saft af 2 limefrugter
- Salt efter smag

Rutevejledning:

1. Læg kikærterne i blød natten over i vand nok til at dække.
2. Dræn kikærterne, læg dem i en dyb gryde og dæk med vand. Tilsæt ingefær, kokos og salt. Bring vandet i kog, reducer varmen til at simre, og kog indtil vandet tørrer op og kikærterne er bløde, men ikke grødede.
3. Opvarm ghee i en stor pande, tilsæt kikærter og sauter under jævnlig omrøring.

4. Tilsæt sort peber og kog i fem minutter. Tilsæt limesaften, bland godt og server.

5. Server med puris.
6. Serverer fire til seks.

19. Frikadeller (Tyrkiet)

Ingredienser:

- 1-1/4 pund mellemfedt hakket kød
- 2-3 skiver gammelt hvidt brød
- 1 stort løg, fint revet
- 1 æg, pisket
- 2 fed hvidløg, knust
- 2 tsk stødt spidskommen
- 1 tsk salt
- 1/2 tsk sort peber
- 1 spsk olivenolie

Rutevejledning:

1. Læg det hakkede kød i en stor skål.
2. Kassér skorpen på brødet, læg brødet i blød i vand, og pres det tørt i hænderne. Smuldr brødet til hakket kød.
3. Tilsæt æg, hvidløg, spidskommen, salt og peber og ælt til det er godt blandet som en dej.
4. Tag stykker på størrelse med valnød, form til runde kugler eller ovaler, og flad let.

5. Pensl frikadeller let med olivenolie. Grill eller steg i en nonstick-pande på begge sider, indtil de er brune.

6. Server med ris. Du kan grille halverede tomater og lange grønne peberfrugter til at servere til frikadellerne.

20. Kylling Kabobs (Iran)

Ingredienser:

- Saft af 2 citroner
- 2 mellemstore løg
- 2 spsk smør
- Salt og peber efter smag
- 1 spiseskefuld vegetabilsk olie
- Knip safran (valgfrit)
- 20 kyllingelår, udbenet

Rutevejledning:

1. Vask og skind kyllingestykkerne og tør på et stykke køkkenrulle. Skær forsigtigt blitzen for at lade marinaden trænge dybere ind.
2. Pil og riv løgene. Pres så meget af saften ud som muligt og kassér.
3. (Valgfrit) Brug en støder og morter til at male safran med 1/2 tsk granuleret sukker til et pulver. Overfør safran i en kop og tilsæt 1/4 kop kogende vand. Dæk koppen med en underkop og lad den stå til den ene side.

Marinade

4. Læg kyllingestykkerne i en lav skål og hæld de revne løg over dem. Tilsæt en spiseskefuld citronsaft, vegetabilsk olie og salt og peber efter smag.
5. Bland for at sikre, at kyllingestykkerne er godt dækket af marinaden. Dæk fadet med husholdningsfilm og lad det stå i mindst et par timer.

Madlavning

6. Varm en grill op, indtil den er så varm som muligt.
7. Læg fem kyllingestykker fra marinadeblandingen på et fladt metalspyd. Gentag indtil alle stykkerne er brugt op.
8. Smelt smørret og hold det til side. Sæt spyddene på grillen og pensl med smør og citronsaft. Hvis du bruger safran, så pensl nogle spyd med safran og nogle med citronsaft.
9. Vend for at sikre, at begge sider er godt grillet. Server på en bund af almindelig ris eller et stykke frisk brød.

10. Serverer fire til seks.

21. Kartoffelbrød (Norge)

Ingredienser:

- 2 pund skrællede og kogte kartofler, stadig varme
- 1 tsk salt
- 0,8-1 kop mel

Rutevejledning:

1. Når de er kogt, mos kartoflerne med saltet. Tilsæt mel og bland godt. Den mindste mængde mel vil gøre dem mere velsmagende, den højeste mængde vil gøre dejen lettere at rulle ud.
2. Fjern kartoffeldejen og læg den på et brødbræt eller en flad overflade. Del dejen i 12-14 stykker. Rul hver enkelt til et cirkulært stykke omkring 1/8 tommer tykt og 6 tommer bredt.
3. Opvarm en tør stegepande eller stegepande over medium varme, indtil den er varm. Læg hver lompe i panden og steg på begge sider. De er klar, når de stadig er lyse i farven med mørkere pletter. Stabel de færdige

på en tallerken og dæk med et køkkenrulle, så de ikke tørrer ud.

4.   Brug hver lompe som en wrap eller spis almindelig med et valgfrit krydderi.

5. Gør 12 eller flere.

22. Masala Vadai (Sri Lanka)

Ingredienser:

- 1/2 pund gul dhal (gule ærter)
- Vand til at dække
- 2-1/2 ounce skalotteløg eller løg i små tern
- 2 spsk fennikelfrø (kværn godt 3/4 og lad resten stå hele)
- 1/2 tsk chilipulver eller 5 grønne chilier i små tern
- 1/2 spsk fiskepasta (fås i indiske og asiatiske butikker)
- 1 kvist karryblade, fintrevet
- 1/2 tsk gurkemeje
- Salt efter smag
- 1/4-1/2 kop vegetabilsk olie

Rutevejledning:

1. Vask dhal for at fjerne eventuelt pulver. Placer i en dyb gryde med tilstrækkeligt vand til at dække og blød natten over.
2. Dræn dhal'en.

3. Læg 3/4 dhal i skålen på en foodprocessor og kværn til en tyk pasta.
4. Varm en spiseskefuld olie i en lille pande og steg skalotteløg/løg til de er karamelliserede.
5. Hæld dhal-pastaen i en skål og tilsæt alle de andre ingredienser, inklusive den resterende dhal, og bland godt.
6. Brug dine hænder eller en ske til at tage nok af dhal-blandingen op til at lave en lille patty. Tryk forsigtigt blandingen ned i håndfladen for at fastgøre blandingen.
7. Opvarm 1/4 kop olie i en tung stegepande. Frituresteg i partier, indtil hver vadai er gyldenbrun.
8. Vadai kan serveres enten varm eller kold.
9. Gør 30 vadai .

23. Mofongo (Puerto Rico)

Ingredienser:

- 3 modne plantains
- Olie til stegning
- 3 fed hvidløg, knust
- 2 spsk olivenolie
- 1/4 pund chicharrones (stegt flæskesvær) eller stegt bacon, smuldret
- Salt og peber efter smag
- Limesaft

Rutevejledning:

1. Skær plantain i 1/2-tommer runder.
2. Opvarm olie i en dyb, tung stegepande til 325°F. Tilsæt plantainskiver og steg i omgange, indtil de er brune udenpå. Afdryp på køkkenrulle.
3. Når de er færdige, læg plantainerne i skålen på en processor, bland med hvidløg, olivenolie og chicharrones eller bacon (eller brug en morter og støder, hvis det er muligt). Bearbejd blandingen, indtil de begynder at blive luftige.

4. Smag til og tilsæt salt og peber efter smag. Drys med limesaft efter smag.
5. Når du er færdig, danner du tre kugler af blandingen og serverer med suppe eller kødretter, eller skær og spis som de er.
6. Serverer tre til fire.

24. Momos (Nepal)

Ingredienser:

- 4 kopper hvidt mel
- 2-3 kopper vand
- 1 pund svinekød, kalkun eller kylling, kogt og finthakket
- 1 mellemstor løg, finthakket
- 1-2 fed hvidløg, finthakket (efter smag)
- 1 tsk stødt koriander
- 1/2 tsk salt eller efter smag
- 1/2 tsk finthakket chilipeber

Rutevejledning:

1. Kom mel i en stor skål og bland med vand. Ælt melet til en blød fin dej og tilsæt vand efter behov. Lad stå i 10-15 minutter.
2. Kom de øvrige ingredienser i en skål og bland godt.
3. Form dejen til kugler på størrelse med et æg og flad dem på en meldrysset overflade.
4. Hold en kugle i håndfladen og læg en spiseskefuld fyld i midten. Fold over

siderne og klem kanterne tæt for at forsegle og lave en lille bid-størrelse pose.

5. Kog vand i en dampkoger. Smør en dampbakke, læg momoer i den, og damp i 10 minutter.

6. Server med en koriander tomatchutney.
7. Gør omkring 25.

25. Fåre-kebab (Centralasien)

Ingredienser:

- 3 pund lam
- 6 spsk citronsaft
- 2 mellemstore løg hakket
- 3 spsk finthakket koriander
- 1 spsk malede korianderfrø
- 3 fed hvidløg finthakket
- 1 tsk salt
- 1 tsk cayennepeber

Rutevejledning:

1. Kom alle ingredienserne undtagen lammet i en glasskål og rør godt. Tilsæt lammeterningerne og vend godt rundt.
2. Lad blandingen køle af i køleskabet natten over i mindst 12 timer under omrøring af og til. Hæld marinaden af.
3. Drys kødet let med salt og træ stykkerne på et metalspyd. Spænd dem ikke. Stykkerne må ikke røre hinanden.

4. Grill eller steg lammet mindst fire centimeter fra flammen i 7-12 minutter afhængigt af hvor sjældent du kan lide kødet. Drys med salt og cayenne efter smag.

5. Til pynt mariner du tyndt skåret løg i en lav skål med hvid eddike.

6. Serverer seks.

26. Nalistniki (Hviderusland)

Ingredienser:

- 2 æg
- 2 kopper mælk
- 1-1/2 kopper mel
- 2 spsk sukker
- 2-3 spsk smeltet smør
- 1/2 kop creme fraiche

Rutevejledning:

1. Forvarm ovnen til 350°F.
2. Pisk æg i en dyb skål. Blend mælk i, indtil det er godt blandet. Rør mel og sukker i.
3. Bland grundigt til en tynd dej.
4. Varm en flad bageplade eller stegepande op med lidt olie for at dække bunden.
5. Hæld cirka to til tre spiseskefulde på bagepladen og kog indtil pandekagen bobler let. Vend og steg hurtigt, indtil de er let brunede.
6. Stil hver pandekage til side, indtil alt er færdigt. Når det er færdigt, fold nalistniki på midten, læg på en bageplade, dæk med smeltet smør og

creme fraiche og bag i cirka et minut, indtil de er pænt sprøde.

7. Gør omkring 12.

27. Oliebollen (Donuts , Holland)

Ingredienser:

- 3-1/2 dl hvidt mel
- 3/4 tsk salt
- 1 spsk sukker
- 2-1/4 tsk hurtigt stigende gær
- Finrevet skal af en citron
- 2 æg, godt pisket
- 1-1/2 dl varm mælk
- 3 ounce rosiner
- 3 ounce ribs
- 1 syrligt æble, revet
- Olie til friturestegning
- Pulversukker til aftørring

Rutevejledning:

1. Bland mel, salt, sukker, gær og citronskal i en stor skål.
2. Tilsæt æg og mælk og pisk godt med en træske i flere minutter, indtil det er glat.
3. Rør den tørrede frugt i, dæk med et fugtigt klæde, og lad det stå et lunt sted, indtil det er dobbelt så stort, cirka en time.

4. Når den er næsten fordoblet i størrelse, opvarmes olien.

5. Brug to spiseskefulde til at løfte blommestore portioner af dejen ud og kom dem i det varme fedtstof.

6. Steg i små omgange, indtil de er brune og gennemstegte, sænk om nødvendigt varmen for at forhindre, at de brænder på.

7. Afdryp på køkkenrulle og server straks, drysset med pulveriseret sukker.

8. Gør omkring 20.

28. Pakoras (Indien)

Ingredienser:

- 1 mellemstor aubergine
- 7 ounce kikærtemel
- 1 tsk salt
- 1/2 tsk chilipulver (eller efter smag)
- 1/2 tsk stødt gurkemeje
- 1 kop koldt vand, mere eller mindre
- 1 kop vegetabilsk olie til stegning

Rutevejledning:

1. Skær grøntsagerne i skiver ca. 1/4-tommer tykke og 2 inches i diameter og sæt til side.
2. Kombiner kikærtemel, salt, chilipulver og gurkemejepulver i en stor skål. Rør nok vand i til en tyk dej.
3. Varm olien op i en wok eller dyb pande, indtil den ryger. Bland grøntsagsskiverne i dejen og kom dem i olien en ad gangen og steg dem gyldenbrune (pas på ikke at sprøjte dejen, da den kan efterlade en permanent plet)

4. Fjern de kogte grøntsager med en hulske og dræn det overskydende fedt fra.

5. Serveres varm med tomatchutney eller ketchup.

6. Serverer fire til seks.

29. Pav Bhaji (Indien)

Ingredienser:

- 1 lille blomkålshoved, skåret i buketter (ca. 3-4 kopper)
- 3 mellemstore kartofler, skrællet og skåret i store stykker
- 2 spsk olie
- 1 grøn peberfrugt, finthakket
- 1/2 tsk stødt gurkemeje
- 1 tsk chilipulver eller rød chilipasta
- 1 tsk ingefær-hvidløgspasta (tilgængelig fra indiske købmandsforretninger)
- Salt efter smag
- 2-3 kopper tomatpuré
- 1 spiseskefuld garam masala (pav bhaji masala hvis tilgængelig; ellers vil enhver garam masala duge)
- 1 spsk smør
- Fire hårde ruller
- Skåret løg
- Citron

Rutevejledning:

1. Læg blomkål og kartofler i en dyb pande og dæk med vand. Bring det i

kog, reducer varmen, og kog til det er blødt.

2. Varm olien op i en stor gryde. Tilsæt finthakket peber og sauter til det er blødt. Tilsæt ingefær-hvidløgspastaen og svits i 30 sekunder mere.

3. Tilsæt gurkemeje og chilipulver og salt efter smag. Sauter i et par sekunder.

4. Tilsæt tomatpuré, kogte kartofler og blomkål, masala og smør.

5. Fortsæt med at sautere og mos med en kartoffelmoser, indtil blandingen er jævn. Lad det simre i 20-25 minutter, tilsæt eventuelt vand.

6. Skær rullerne i halve og steg i smør med snitsiden nedad. Server ved siden af med hakket løg og citron.

7. Serverer fire.

30. Pholourie (Trinidad)

Ingredienser:

- 1/2 pund flækkede ærter
- 1 fed finthakket hvidløg
- 1/2 tsk safranpulver (eller gurkemeje, hvis safran ikke er tilgængelig)
- 1/8 tsk bagepulver
- 1 tsk bagepulver
- 1 spsk mel
- 1 tsk salt
- Saft af 1/2 af en lille lime
- To kopper olie eller efter behov til friturestegning

Rutevejledning:

1. Vask de flækkede ærter og lad dem trække natten over.
2. Dræn ærterne og mal dem til en jævn konsistens. Tilsæt alle de øvrige ingredienser, bland godt, og lad det stå i en time, og tilsæt lidt vand, hvis blandingen bliver for tør. Pisk det derefter igen, indtil det er let og luftigt.

3. Varm olien op i en frituregryde. Hæld blandingen i en teskefuld i varm olie. Steg indtil gyldenbrun eller indtil pholourien flyder til toppen.

4. Dræn og server straks med tamarind eller mango chutney.

5. Gør omkring to dusin, afhængig af størrelse.

31. Piri-Piri kylling (Mozambique)

Ingredienser:

- 1 lille kylling, 3 pund eller mindre
- 2 spsk stødt, tørret piri-piri eller fugleperspektiv chilipeber (kan erstatte andre flagede tørrede chilipeber)
- 1 tsk salt
- 1 spsk knuste røde peberflager (knust piri-piri eller peberfrugt ville være bedst)
- 4 fed hvidløg, knust
- 2 spsk citronsaft, eller saft af en stor citron
- 1-2 spsk olivenolie
- Piri-piri sauce eller anden hot chilisauce

Rutevejledning:

1. Læg kyllingen på et skærebræt og skær ned langs rygraden med en skarp kniv. Fordel kyllingen på midten på brættet.
2. Kom salt, peberflager, hvidløg, citronsaft og olivenolie i skålen på en foodprocessor eller blender, og kør indtil godt blandet.

3. Fjern fra blenderen og gnid kyllingen på begge sider med blandingen. Lad stå i mindst 15 minutter eller længere.
4. Varm grillen op til passende temperatur. Når den er klar, steges kyllingen på begge sider, indtil den er færdig. Under tilberedningen kan kyllingen dryppes med piri-piri sauce.
5. Serverer to til fire.

32. Pirozhki (Rusland)

Ingredienser:

Pirozhki dej

- 3 kopper universalmel
- 2 teskefulde sukker
- 1 tsk salt
- 1/2 kop (8 spiseskefulde) koldt usaltet smør
- 1 æg, godt pisket
- 1/2 til 2/3 kop kold mælk
- Glasur: 1 æg pisket let med 1 spsk mælk

Kødfyld

- 1 pund hakket oksekød eller svinekød
- 2 spsk solsikkeolie
- 1/2 kop finthakket løg
- 2 fed hvidløg, hakket
- 1/2 tsk friskkværnet sort peber
- 1/4 tsk salt
- 1/4 tsk stødt allehånde

Rutevejledning:

Pirozhki dej

1. Pisk mel, sukker og salt sammen i en stor skål. Skær det kolde smør i små stykker. Brug en konditor til at blande mel og smør, indtil blandingen ligner grove brødkrummer, og der ikke er nogen klumper tilbage.
2. Brug en stor ske til at røre det sammenpiskede æg i. Tilsæt den kolde mælk, to spiseskefulde ad gangen, bland med skeen, og ælt derefter ingredienserne let sammen i skålen til en blød, glat dej. Tilsæt kun nok mælk til at lave en glat dej, der hverken er smuldrende eller våd.
3. Dæk skålen med et køkkenrulle og lad dejen stå ved stuetemperatur i 30 minutter. Forvarm ovnen til 400°F.
4. Del dejen i to, og hold den ene halvdel dækket med håndklædet. Rul den anden halvdel ud på en let meldrysset overflade til en tykkelse på 1/8 tomme. Brug en fire-tommer rund kageudstikker til at skære dejen i cirkler, og sæt dem til side på en let meldrysset overflade. Rul og skær

den resterende halvdel af dejen, rul igen og skær eventuelle rester til i alt 16-18 cirkler af wienerbrødsdej.

5. Arbejd med en cirkel af dej ad gangen, rul dejen lidt tyndere, og læg derefter en dyngede spiseskefuld fyld i midten af cirklen.

6. Brug din finger til at fugte kanten af cirklen let med vand, og fold derefter dejen på midten, over fyldet, for at danne en halvmåneform.

7. Tryk kanterne sammen med tænderne på en gaffel for at lukke dem tæt. Gentag med de resterende dejcirkler.

8. Læg halvdelen af de fyldte kager på en stor, usmurt bageplade. Pensl æggemælkeglasuren let over toppene. Bag på midterste rille i ovnen ved 400°F i 15-18 minutter, eller indtil toppen er let brunet. Glasér og bag den resterende halvdel af kagerne.

9. Serveres varm.

Kødfyld

10. Steg hakkekødet i en stegepande, indtil det er helt brunt, og flyt derefter kødet og al saften over i en skål.

11. Varm olien i gryden, tilsæt løget og svits det, indtil løget er gennemsigtigt. Tilsæt hvidløg og svits to minutter længere.

12. Rør løgblandingen og al olien fra stegepanden i kødet i skålen. Rør peber, salt og allehånde i, bland godt. Afkøl grundigt før brug. Giver to kopper fyld.

13. Giver 16-18 stk.

33. Pofesen (Østrig)

Ingredienser:

- 2 skiver brød (hvidt brød, toastbrød er også muligt)
- Ca. 1/2 kop blommemarmelade
- 1/2 pint mælk
- 2 æg
- En knivspids sukker
- Flormelis
- Kanel (efter smag)
- Madolie

Rutevejledning:

1. Fordel blommemarmeladen på en af skiverne, dæk med den anden skive, og tryk dem derefter sammen.
2. I en skål piskes æggene let sammen med mælken og en knivspids sukker.
3. Læg det tilberedte brød i æggeblandingen, lad det stå i et minut for at absorbere så meget væske som muligt.
4. I mellemtiden opvarmer du lidt vegetabilsk olie i en nonstick-pande. Læg det udblødte brød i olie og steg

på begge sider, indtil det er gyldenbrunt.

5. Når det er stegt, lad det stå på en rist foret med køkkenruller, der vil suge det overskydende fedt i blød.

6. Server med flormelis og kanel efter smag.

34. Pupusa (El Salvador)

Ingredienser:

- 3 kopper masa harina (tilgængelig i latinamerikanske butikker eller som en instant mix i mange supermarkeder)
- 1/8 tsk salt eller efter smag
- 2 kopper vand
- 1 kop revet Monterey Jack ost
- 1/4-1/2 kop smør

Rutevejledning:

1. Kombiner masa harina, salt og vand i en stor røreskål og bland godt med en ske. Masaen skal have konsistensen af chokolade-chip cookie-dej.
2. Form dejen til bøffer, cirka 1/8 tomme tykke og 3 cm i diameter, og dæk dem med et fugtet klæde.

At samle Pupusas

3. Kom omkring en spiseskefuld ost i midten af en majspatty. Læg endnu en bøf ovenpå fyldet og tryk kanterne på bøfferne sammen med fingerspidserne for at forsegle

pupusaen . Ingen fyld må blotlægges. Hvis det er, dæk det med et stykke masa og dup stedet glat.

4. Hav en bageplade eller en tung stegepande klar. Smelt 1 spsk smør på den. Placer pupusas på det og kog over medium-høj varme, vend én gang, indtil de er brunede, cirka fire minutter per side. Fortsæt med at koge alle pupusas på en smurt bageplade, indtil alle er færdige.

5. Server på én gang med coleslaw og tomatsalsa.

35. Salsa Criolla (Argentina)

Ingredienser:

- 1 løg, finthakket
- 1 sød rød peber; finthakket (rød klokke eller pimento)
- 1 grøn peberfrugt, finthakket
- 1 tomat, kernet og finthakket
- 1 fed hvidløg, finthakket
- 1 spsk fladbladet persille, finthakket
- 1/2 kop olivenolie
- 1/4 kop rødvinseddike
- Salt og peber efter smag

Rutevejledning:

1. Bland alle ingredienserne sammen og server.
2. God fornøjelse.

36. Seadas eller Sebadas (Italien)

Ingredienser:
- 14 ounce ung pecorino sardo ost
- 1 kop vand
- 1 spsk durumhvedemel
- Skal af 1/2 citron
- 18 ounce universalmel
- 2 ounce spæk eller smør
- Lunkent vand
- Salt efter smag
- 1/2 kop honning
- Ekstra jomfru olivenolie til stegning

Rutevejledning:

1. Kom osten i en mellemstor gryde. Tilsæt en kop vand, durumhvedemelet og skallen af 1/2 citron.

2. Varm blandingen op over medium varme, under konstant omrøring, indtil ingredienserne er kombineret, og blandingen er ensartet i konsistensen.

3. Tag gryden af varmen, fordel blandingen på en tør overflade (f.eks.

hakkeblok) til en 1/2-tommers tykkelse, og lad den køle af.

4. Læg i mellemtiden universalmelet på en arbejdsflade i en bunke. Lav et hul i midten (ligner en vulkan), tilsæt spæk eller smør, og begynd at arbejde fedtet ind i melet.

5. Tilsæt lidt lunkent vand ad gangen til du har en dej du kan ælte. Hvis dejen er for tør og går i stykker, tilsæt lidt mere vand.

6. Ælt dejen i mindst syv minutter. Pak dejen ind i plastfolie og lad den hvile i mindst 20 minutter.

7. Når dejen har hvilet rulles den ud til en ensartet tykkelse på 1/8 tomme. Skær dejen i en-tommers firkanter. Skær den afkølede osteblanding i 1/2-tommers terninger.

8. Varm den ekstra jomfruolivenolie op til stegning i en stor stegepande, mindst tre centimeter dyb. Olien skal være varm, men ikke rygende (200-210°F). Steg seadas flere ad gangen, og sørg for ikke at overfylde

stegepanden. Seadas skal altid syde, mens de steger.

9. Når seadas er gyldenbrune, tages de op af olien og lægges på en tallerken dækket med køkkenrulle.

10. Dryp seadas med honning og nyd varmt.

11. Serverer seks.

37. Shashlyk (spyd grillet kød)

Ingredienser:

- 2 pund svine- eller oksekød, trimmet af det meste af fedtet og skåret i 1-1/2 til 2-tommers terninger
- 1 kop hvidvin
- 1/2 kop solsikkeolie
- 1/4 kop hvid eddike (eller 2 spsk hvid eddike og 2 spsk sur dild saltlage)
- 1 stort løg, skåret på tværs i tynde ringe
- 4 store fed hvidløg, hakket
- 4-6 hele nelliker eller hele enebær, knust
- 2 laurbærblade, smuldret
- 1 tsk knuste røde peberflager
- 1 tsk salt
- 1 tsk sort peber

Rutevejledning:

1. Kombiner alle ingredienserne i en stor ikke-reaktiv skål. Rør for at blande godt. Dæk til og stil på køl i 24 timer, vend kødet to eller tre gange, mens det marinerer.

2. Træk kødterningerne direkte fra marinaden på metalspyd (dup ikke kødet tørt, før du spyd), efterlad et lille mellemrum mellem hvert kødstykke. Kassér den resterende marinade.

3. Hav en meget varm grill klar, gerne med kul. Tilbered kødet fire centimeter over meget varme kul i cirka 15 minutter, vend kødet to eller tre gange, indtil det ikke længere er lyserødt i midten. Serveres varm, ledsaget af afkølet vodka eller en solid rødvin.

4. Serverer fire.

38. Sopaipillas (græskarfritter, Chile)

Ingredienser:

- 1 kop (8 ounce) forberedt græskarmasse, dåse eller frosset
- 1/2 kop smeltet smør
- 1/4 kop mel
- 1 tsk bagepulver
- 1 tsk salt
- 2 kopper vegetabilsk olie

Rutevejledning:

1. Bland squash og smeltet smør i en stor skål.
2. I en separat skål sigtes mel, bagepulver og salt sammen.
3. Rør melblandingen i squashen, indtil den er godt blandet og danner en dej.
4. Kom dejen på et let meldrysset bord og ælt til den er glat, tilsæt evt mere mel. Dæk dejen med et håndklæde og lad den hvile i 15 minutter.
5. Rul dejen ud til en tykkelse på 1/8 tommer og skær den i cirkler med en diameter på 3 tommer med et glas

eller en kageudstikker. Prik hver cirkel et par gange med en gaffel.

6. Opvarm den vegetabilske olie i en stor stegepande over medium-høj varme, indtil den er varm, 385 ° F. Placer flere af dejcirklerne i varm olie ad gangen og kog tre eller fire minutter, indtil de er let brunede.

7. Afdryp på køkkenrulle.

8. Serveres varm med varm chancaca sauce.
9. Gør omkring 16.

39. Souvlaki (Grækenland)

Ingredienser:
- 1 pund svinemørbrad eller -skulder, skåret i en-tommers terninger

Marinade
- 1 fed hvidløg
- 1/4 kop olivenolie
- 1 spsk tørret oregano
- 1 laurbærblad, smuldret
- 2 spsk citronsaft
- 1/2 kop rødvin
- Salt og peber efter smag
- Træspyd, udblødt i vand i flere timer, så de ikke brænder på under tilberedningen.

Rutevejledning:

1. Varm grillen eller grillen op.
2. Kom alle ingredienserne til marinaden i en glasskål, hæld over kødet og bland godt. Dæk til og stil på køl i flere timer eller natten over.
3. Sæt kødet på spyd, og læg fem eller seks stykker kød på hvert spyd.

Sænk varmen til medium og kog i 10-15 minutter, vend fra tid til anden for at sikre dig, at de er gennemstegte.

4. Server med pitabrød og tzatziki sauce .

40. Tacos (Mexico)

Ingredienser:

Fyld (Picadillo)

- 2 spsk madolie
- 1 mellemstor løg finthakket
- 1 fed hvidløg, finthakket
- 1 pund hakket oksekød
- 1 tsk stødt spidskommen
- 1 tsk malet guajillo chili (valgfrit)
- 1 mellemstor tomat, finthakket
- Salt og peber efter smag

At samle

- Lille mængde olie
- 12 majstortillas
- Picadillo
- Strimlet salat
- Salsa, frisk eller på flaske, efter smag

Rutevejledning:

1. Varm olie op i en stegepande, tilsæt hakket løg og hvidløg, og svits indtil gennemsigtigt.
2. Tilsæt oksekød, spidskommen, stødt guajillo chili og tomater og kog

forsigtigt under omrøring, indtil kødet er brunet. Dræn overskydende fedt fra panden.

3. Hæld en lille mængde olie på et køkkenrulle og gnid rundt om en tung stegepande. Varm panden op over medium varme, indtil den er varm.
4. Læg hver tortilla på en opvarmet pande, indtil den puffer lidt.
5. Sæt fyld og revet salat efter smag på den ene side af tacoen. Placer salsa efter smag på taco. Fold på midten og server.
6. Giver 12 tacos.

41. Tamales (Mexico)

Ingredienser:

- 1 pund tilberedt masa (majsdej, frisk eller fra en blanding)
- 10 bananblade 5" × 12"
- 1/2 pund sorte bønner, kogt og pureret
- Omkring 10 epazote (svinemad) blade, hakket
- Kosher salt efter smag

Rutevejledning:

1. Hav en damper klar, stor nok til at tage 10 tamale-pakker.
2. Tilbered masa ved at blande mel med vand eller køb den tilberedt på det spansktalende marked.
3. Riv 10 lange strimler af bananblade, der skal bruges til bindebånd.
4. bananblade på en opvarmet gryde eller stegepande og rist dem let. Spred bladet fladt ud.
5. Del dejen i 10 stykker. Form dejen til en aflang, og flad den derefter til en oval form på hvert bananblad, og efterlader brede kanter til foldning.

6. Del bønner i 10 portioner. Fordel bønnepuré jævnt i midten af masaen. Drys hakket epazote over bønnerne.

7. Fold bananblade i pakker: fold bunden af bladet til toppen og tryk let i kanten for at forsegle. Fold derefter den venstre ende ind i midten og den højre ende ind i midten. Bind bundterne med en bladstrimmel rundt om midten af pakken, med knuden ved de foldede kanter.

8. Læg alle tamales i dampkogeren, enten opretstående eller stablet. Damp tamales i 35 minutter ved middel varme, eller når hver tamale let skilles fra bladet.

9. Gør 10.

42. Hakket oksekød Kebab (Marokko)

Ingredienser:

- 2 pund hakket oksekød
- 1 æggehvide
- 1 tsk spidskommen frø
- 1 tsk salt
- 1/2 tsk friskkværnet sort peber
- 2 mellemstore løg pillede og skåret i tykke ringe
- Tomater og agurker til pynt

Rutevejledning:

1. I en stor skål blandes hakkebøffen med æggehviden, spidskommen, salt og peber, og blandingen æltes med hænderne, indtil den er godt blandet.
2. Afkøl den i køleskabet i 30 minutter.
3. Våd hænderne og form kødet til kugler på størrelse med en stor valnød og tråd dem på metalspyd skiftevis kødet med løgringene.
4. Skub spyddets spids gennem kødkuglen, og tryk det tæt rundt om spyddet.

5. Hav en varm grill klar. Grill eller steg i otte minutter ved at vende spyddene én gang.

6. Skub kebaberne af spyddene på serveringsfade.

7. Serverer seks.
8. Server med kvarterede tomater og hakkede løg.

43. Tempeh Satay (Thailand)

Ingredienser:

- 1 blok tempeh, skåret i 1/2-tommers stykker
- Olie til stegning
- Træspyd

Jordnøddesauce

- 2 spsk jordnøddesmør
- 1 tsk sojasovs
- 1 tsk hot chilisauce
- 2 spsk hoisinsauce
- 2 spsk vand

Rutevejledning:

1. Træk fire til fem stykker tempeh på hvert spyd.
2. Varm olie op i en stegepande og steg hvert spyd let, indtil det er gyldenbrunt. Sæt til side i en lille skål.
3. Kombiner jordnøddesmør, sojasauce, hot chilisauce, hoisinsauce og vand og rør rundt for at lave en jævn pasta.

4. Anret satay på en tallerken og dæk med jordnøddesauce.

5. Gør omkring fire spyd.

44. Thit Heo (Vietnam)

Ingredienser:

- 2 pund magert svinekød
- 2 spsk sukker
- 3 spsk fiskesauce (nuoc mam)
- 3 skalotteløg, hakket
- 8 grønne løg, hakket
- 1/2 ounce ingefær, skrællet og hakket
- 1 chili, hakket

Rutevejledning:

1. Skær svinekødet i tynde skiver, sæt til side.
2. Over medium varme kombineres sukker og fiskesauce. Tilsæt de resterende ingredienser og hæld over svinekødet for at marinere natten over i køleskabet.
3. Forvarm ovnen til 375°F
4. Bring til stuetemperatur og læg i et overdækket ovnfast fad. Bag ved 375°F i 40 minutter, eller indtil kødets indre temperatur overstiger 145°F.

5. Striml kød og brug til banh mi kep eller banh xeo.

45. Tostadas de Chicharo (Mexico)

Ingredienser:

- 1/2 pund friske eller frosne grønne ærter
- 10 hele majstortillas, eller færdigpakkede tostadas
- 1 spsk kosher salt, eller efter smag
- 1/2 kop rapsolie
- En 6 ounce pakke ranchero ost, revet

Rutevejledning:

1. Læg grønne ærter i en lille mængde vand i en gryde. Bring det i kog, reducer varmen, og lad det simre, indtil det er mørt, cirka fem minutter (eller, hvis det er frosset, følg anvisningerne på pakken til madlavning).
2. Placer kogte ærter i skålen med en blender eller foodprocessor (eller molcajete) og puré; Smag til med salt efter smag.
3. For at tilberede tostadas fra tortillas skal du varme olie i en stegepande og stege hver tortilla,

indtil den er sprød (du skal muligvis have mere olie). Dræn tostadas.

4. Spred hver tostada med puré af grønne ærter og pynt med ranchero ost.

5. Gør 10 tostadas, serverer 5-10.

46. Tunesisk Fricassée (Tunesien)

Ingredienser:

Til **Brødet**

- 5 kopper mel
- 2 æg
- 2 spsk gær
- 1/2 kop olie
- 2 spsk varmt vand
- 1 spsk salt
- En knivspids sukker

Til **farsen, grillet eller ristet**

- Harissa sauce (hot chilisauce)
- 8 tomater
- 4 peberfrugter (rød eller grøn)
- 8 fed hvidløg, hakket
- En 8-ounce dåse tunfisk
- 4 æg, kogt
- Grønne og sorte oliven
- Kapers
- 2 kartofler, kogte
- Salt, peber, olivenolie og citron efter smag

Rutevejledning:

1. I en stor skål, læg gæren i to spiseskefulde varmt vand, tilsæt en til to spiseskefulde mel og bland godt. Blandingen må ikke være for tynd eller tyk. Dæk den til med et klæde og lad den hæve i en time.

2. I mellemtiden blandes de tørre ingredienser i en stor skål (mel, salt og sukker). Lav et hul i midten og tilsæt hævemidlet (gær, vand og mel), en halv kop olie og to æg. Ælt dejen i hånden eller i røremaskinen i cirka 10 minutter, eller indtil dejen ikke knækker, når den strækkes mellem to fingre. Dæk til og lad hæve et lunt sted i mindst en time.

3. Når dejen har fordoblet sin størrelse, æltes og formes 20 kugler. Form kuglerne til aflange boller og lad dem hæve et lunt sted i cirka 30 minutter, eller til de fordobles i størrelse.

4. Varm olie op og fritér bollerne til de er gyldenbrune.

5. Tør dem på køkkenrulle, skær dem i halve på den ene side, fordel harissaen rigeligt indeni, og tilsæt derefter fyld efter eget valg.

6. Til fyldet : grill tomater, peberfrugt og hvidløg og skær dem i små stykker. Skær to kogte kartofler i tern. Du kan også vælge at tilføje tun på dåse, hårdkogte æg i tern, kapers og oliven. Smag til med salt og peber, et skvæt olivenolie og et par dråber citronsaft.

7. Gør 20.

47. Turon (Filippinerne)

Ingredienser:

- 1 bundt saba på ca. 10-12 stykker
- 1 pund frisk jackfrugtkød (10 ounces dåse eller frossen jackfrugt kan erstattes)
- 1/4 kop brun farin
- Madolie
- To 10-ounce pakker med lumpia (æggerulle eller forårsrulle) indpakninger. Optø hvis frossen.
- Æggehvide

Rutevejledning:

1. Skræl saba , derefter halver disse på langs. Hvis du bruger andre bananer end saba , skal du skrælle og skære dem i to til tre tommer lange segmenter og halvere dem på langs.
2. Skær jackfruit i lige store segmenter.
3. Sæt en portion jackfruit sammen med en halv banan og drys med brun farin.

4. Adskil en lumpia- indpakning og læg den på en bakke eller et skærebræt.
5. Læg den sukrede frugt på den nederste halvdel af lumpia- omslaget.
6. Rul den side, der er tættest på dig, over frugten væk fra dig, indtil du når midten af indpakningen.
7. Fold enderne af omslaget mod midten. Valgfrit : Nogle kokke lader enderne af turonen stå åbne, så disse bliver meget sprøde, når de steges.
8. Fortsæt med at rulle op og forsegl de åbne ender med en klat æggehvide for at holde rullen intakt.
9. Pensl rullen med æggehvide og dryp den i brun farin.
10. Opvarm et par centimeter madolie i en kraftig gryde for at friturestege turonen .
11. Når turonen flyder, tag den forsigtigt fra den varme olie og læg den på et køkkenrulle for at dræne den overskydende olie af.

48. Yakitori (Japan)

Ingredienser:

- 3 flydende ounce saté
- 6 flydende ounce sojasovs
- 1-1/2 flydende ounce mirin (et spiritusbaseret sødemiddel, 14% alkohol)
- 2 spsk sukker

Rutevejledning:

1. Bland alle ingredienserne sammen i en lille gryde og bring det i kog.
2. Hav en opvarmet grill klar (en japansk hibachi-grill er god). Sæt spyddene over glødende kul (som i en grill), pas på, at spyddene ikke brænder på, og dryp med dippen, når kyllingesaften er begyndt at løbe.
3. Gentag dette flere gange, indtil kyllingen er færdig, og spis derefter af spyddet, gerne mens den stadig er varm.

49. Yellow Man Irish Toffee (Irland)

Ingredienser:

- 1 ounce smør
- 8 ounce brun farin
- 1 pund gylden sirup
- 1 tsk bikarbonat sodavand
- 1 tsk eddike
- 1 tsk vand

Rutevejledning:

1. Smelt smørret i en gryde, tilsæt derefter sukker, gylden sirup, vand og eddike. Rør indtil alle ingredienser er smeltet. Kog derefter blandingen, indtil et stadie kendt som "hårdt knæk" er opnået.

2. For at teste hard crack, hæld lidt af blandingen fra hovedskålen i et bassin med koldt vand, indtil det er afkølet, tag derefter op og gnid mellem finger og tommelfinger. Når fingeren og tommelfingeren er adskilt, skal karamelstrengen knække skarpt. Eller brug et sliktermometer.

3. Når dette punkt er nået, rør i bikarbonat af sodavand, som skal få blandingen til at skumme op.

4. Vend blandingen ud på en pladebakke, der er blevet olieret eller fedttæt. Når den er kølig nok til at håndtere, trækkes blandingen med smurte hænder, indtil den er bleg/lys i farven.

5. Når det er helt hårdt, brækkes det i små bidder.

50. Boulanie (Afghanistan)

Ingredienser:

- 1 pund sigtet hvidt almindeligt mel
- 1 kop vand
- 3 teskefulde salt
- 2 pund kartofler, kogt og moset
- 2 ounce grønne løg, fint hakket
- 1 tsk sort peber
- 1/4-1/2 kop vegetabilsk olie til stegning

Rutevejledning:

1. Kom mel og en teskefuld salt i en røreskål. Tilsæt langsomt så meget vand som nødvendigt og bland til en stiv dej.

2. Læg dejen på en ren arbejdsflade og ælt i cirka 5-10 minutter, indtil dejen er elastisk, glat og skinnende. Form dejen til en kugle, dæk med et fugtigt klæde og stil til side i mindst en halv time.

3. Skræl og vask kartoflerne og kog dem i saltet vand, indtil de er bløde. Hæld vandet fra og mos grundigt. Bland grønne løg, salt og sort peber i.

4. Del dejen i tre eller fire kugler. Rul hver kugle så tyndt ud som muligt på en let meldrysset overflade (tykkelsen bør ikke være mere end 1/16 tommer (1-1/2 mm) - hvis dejen er for tyk, bliver boulaneen sej).

5. Tag en rund udskærer på fem til seks tommer (13-15 cm) (et grydelåg eller bliklåg kan bruges) og skær så mange runder ud som muligt. Antallet af boulanee vil afhænge af, hvor tyndt dejen er rullet ud og størrelsen på den anvendte udskærer.

6. På halvdelen af hver runde fordeles cirka en til to spiseskefulde af kartoffelmosblandingen. Fugt kanterne af dejen, fold den sammen og forsegl. Boulaneen skal spredes ud på en let meldrysset overflade, indtil den skal steges . Læg ikke den ene oven på den anden, da de vil hænge sammen.

7. Når alle boulaneerne er lavet, og du er klar til at servere dem, opvarmer du nok vegetabilsk olie i en

stegepande og laver en eller to ad gangen ved middel til varm varme, brun på begge sider. De serveres bedst sprøde og varme, direkte fra bradepanden, men kan opbevares i en varm ovn, indtil de er færdige.

8. Gør cirka 15.

HOVEDRET

51. Sprød svinekam (Danmark)

Ingredienser:

- 5 pund udbenet svinekam, delekærv, med svær
- 2-3 spsk salt

Rutevejledning:

1. Forvarm ovnen til 390°F

    2. Sørg for, at sværen er ridset over det hele. Gnid med groft salt.
    3. Læg svinekammen i en bageplade. Tilsæt en kop vand.
    4. Stik et kødtermometer i midten af lænden og steg i 1-1/2 time eller indtil termometeret registrerer 180°F.
    5. Tjek om knitren er sprød. Hvis ikke, skru ovnen op til 480-580 °F og fortsæt med at stege, indtil termometeret registrerer 180 °F.

52. Kylling Kiev (Ukraine)

Ingredienser:

- 4 kyllingebryst, ca. 1/2 lb hver
- Salt og peber efter smag
- 1/4 pund (8 spiseskefulde) smør, blødgjort
- 1 tsk dildukrudt, finthakket
- 1 tsk fladbladpersille, finthakket
- 1 kop mel
- 2 æg, pisket
- 2 kopper fine brødkrummer
- Olie til stegning

Rutevejledning:

1. Læg kyllingebryst på et stykke plastfolie og bank forsigtigt med en kødhammer, indtil de er ret tynde. Drys med salt og peber efter smag.
2. Kom blødt smør i en skål, og bland med en gaffel eller fingre dild og persille grundigt i.
3. Form smørret til en rulle og stil det i fryseren i cirka 10-20 minutter, indtil det er stivnet, men ikke gennemfrosset.

4. Når det er hærdet, tag smørret ud af fryseren og del det i fire lige store ruller.

5. Læg hver rulle på den lange side af hvert kyllingebryst. Skub de korte sider op mod midten, fold den lange side af brystet over smørret, og rul stramt sammen. Når alt er færdigt, læg brysterne i køleskabet i cirka en time, indtil de er kolde.

6. Når du er klar til at lave mad, skal du opvarme omkring 1-1/2 til 2 tommer olie i en dyb, tung pande indtil 350 ° F.

7. Pisk æg i en skål og læg mel på en tallerken, rasp på en anden. Rul kyllingebryst i mel, derefter i æggeblandingen og derefter i rasp, indtil det er godt dækket. Læg i varm olie og steg i seks til syv minutter, indtil de er godt brune. Sørg for at kyllingen er gennemstegt.

8. Når det er færdigt, tages det af panden og dryppes af på køkkenrulle.

9. Serverer fire.
10. Server med snittede agurker eller strimlet syltet kål.

53. Beef Plov (Bukhara, Usbekistan)

Ingredienser:

- 1/2 kop vegetabilsk olie
- 3 store løg pillede og skåret i skiver
- 1-1/2 pund oksekød til gryderet skåret i en-tommers terninger
- 6 gulerødder skrællet og skåret i tykke strimler
- 2-1/2 kopper ris
- 3 kopper kogende vand, ca
- Salt og peber efter smag
- 2 tsk spidskommen frø
- 1 hvidløgshoved brækket i flere uskrællede fed

Rutevejledning:

1. Opvarm olien i en stor tyk gryde eller hollandsk ovn.
2. Svits løgene i fire til fem minutter ved svag varme og tilsæt oksekødet. Brun godt på alle sider under jævnlig omrøring i 10 eller 12 minutter.
3. Læg gulerødderne ovenpå kød- og løgblandingen, men rør ikke.

4. Læg risene oven på gulerødderne og hæld forsigtigt det kogende vand i ned langs siderne af gryden. Det skal komme til en tomme over overfladen af risen.

5. Drys med salt, peber og spidskommen og rør forsigtigt, så krydderierne kun blander sig med risene, og kødet og grøntsagerne forbliver uforstyrrede.

6. Bring blandingen i kog, reducer varmen til medium lav, tilsæt hvidløgsfed, læg låg på gryden og lad det simre i 40 minutter, indtil det meste af vandet er fordampet. Kontroller, at blandingen ikke brænder på.

7. Lad vandgryden koge ved ret høj varme, indtil vandet er fordampet cirka 15-20 minutter.

8. Prik flere huller i risene med en træske, så vandet i bunden af gryden kan fordampe. Fnug op i rislaget uden at røre ved grøntsagerne eller kødet. Reducer varmen til meget lav, dæk gryden tæt, og damp plovene, indtil

risene er møre, cirka 20-30 minutter mere.

9. Tag den af varmen og lad den stå i fem minutter før servering. Læg risene på et stort serveringsfad og læg kød og grøntsager over.

10. Serverer seks.

54. Sorte bønner (Guatemala)

Ingredienser:

- 1/2 pund tørrede sorte bønner
- 1 lille løg, hakket
- 1 fed hvidløg hakket
- 1 laurbærblad
- 4 kopper hønsebouillon
- Salt efter smag

Rutevejledning:

1. Kom tørrede bønner i en dyb pande med resten af ingredienserne.
2. Bring bouillon i kog, reducer varmen, og kog bønnerne langsomt i cirka to timer, eller indtil de er møre. Tilsæt salt efter smag. Fjern laurbærblad før servering.
3. Server med friske tortillas, creme fraiche, en krydret salsa efter ønske.

55. Sort peberkrabbe (Singapore)

Ingredienser:

- 3 krabber (ca. 1 pund hver)
- 2 kopper olie
- 2 spsk smør
- 2 skalotteløg, skåret i tynde skiver
- 2 fed hvidløg, finthakket
- 1 spsk saltede sojabønner, mosede
- 2 spsk tørrede rejer, ristede og malede
- 2 spsk kværnet sort peber
- 10 røde eller grønne (thailandske) chilier eller chili arboles
- 2 spsk sort sojasovs
- 3 spsk sukker
- 2 spsk østerssauce

Rutevejledning:

1. Skær krabber i halve og knus kløerne med en krabbeknæk eller hammer.
2. Opvarm olie i en dyb, tung stegepande eller wok til omkring 350°F. Fritér krabber en ad gangen, indtil hver er halvt kogt; dræn og sæt til side.

3. I en wok opvarmes smør, indtil det er varmt. Tilsæt skalotteløg, hvidløg, saltede sojabønner, tørrede rejer, sort peber og chili, og sauter indtil skalotteløg bliver gennemsigtige.
4. Tilsæt krabber, sort sojasauce, sukker og østerssauce og kog i fem minutter, eller indtil krabberne er færdige.
5. Serverer fire.

56. Kogt Channa (Guyana)

Ingredienser:

- 2-3 spiseskefulde vegetabilsk olie til stegning
- 1 mellemstor hvidløg, skåret i tynde ringe
- 2 dåser (15-16 ounce) kikærter
- 1 rød fugl chili, finthakket
- 1 tsk stødt spidskommen
- 2 tsk malet koriander
- Salt efter smag, hvis det er nødvendigt

Rutevejledning:

1. Varm olien op i en wok eller stegepande.
2. Steg løgene, indtil de er let brunede.
3. Tilsæt de afdryppede kikærter og steg kort.
4. Tilsæt chili og krydderier og steg videre i et minut eller to.
5. Smag til med salt og tilsæt evt. Dåse kikærter er normalt salt nok.
6. Serveres lun eller ved stuetemperatur som snack, med valgfri færdiglavet vestindisk

pebersauce, hvis du kan lide din mad meget krydret. (Mexicansk habanero sauce er også god.)

7. Serverer fire til seks.

57. Fried Meat Patties (Tyskland)

Ingredienser:

- 1/4 pund hakket svinekød
- 1/4 pund hakket oksekød
- 1 æg
- 1 mellemstor løg, fint skåret
- Den ene halvdel af en hvid rulle, gennemblødt i mælk, presset tør og revet i stykker
- Salt og peber efter smag
- Knip muskatnød
- 1/2 kop fine brødkrummer
- 2-4 spsk smør til stegning

Rutevejledning:

1. Bland kødet med løg, æg og brød, og smag til.
2. Form til fire halvkugleformede bøffer, læg brødkrummer på et sted, og rul bulletiner i dem, indtil de er dækket.
3. Smelt smør i en tyk pande og steg bulletiner i smørret, indtil det er gennemstegt.

4. Serverer fire.

58. Fish Ball Nudlesuppe (Hong Kong)

Ingredienser:

- 6 dl hønsefond
- 1 en-tommers luns frisk ingefær, skrællet, skåret i skiver
- 2 stjerneanis
- 2 spsk sojasovs
- 2 tsk brun farin
- 1-1/2 pund udbenet hvid fiskefilet, skindet fjernet, groft hakket
- 1/2 kop koriander, hakket
- 1 tsk fintrevet limeskal
- 1 fed hvidløg, knust
- 1/2 pund Pad Thai nudler
- 4 ounce sneærter, trimmet, fint skåret
- Frisk koriander til pynt

Rutevejledning:

1. I en stor gryde bringes bouillon, ingefær, stjerneanis, sojasovs og sukker i kog ved høj varme, og reducer derefter varmen og lad det simre under låg i 15 minutter.

2. Læg fisk, koriander, limeskal og hvidløg i skålen på en foodprocessor. Smag til med salt og peber. Process indtil kombineret.

3. Når du er færdig, fjern fiskeblandingen fra processoren og form spiseskefulde af fiskeblandingen til kugler.

4. Dæk nudlerne med kogende vand i en stor gryde med låg og lad dem stå indtil de er møre (fem til syv minutter). Adskil nudlerne med en gaffel og afdryp.

5. Si bouillonen og kom tilbage i gryden ved middel varme.

6. Tilsæt fiskekugler til bouillon og kog under omrøring i 8-10 minutter.

7. Tilsæt snecerter og kog indtil de er møre (ca. et minut).

8. Fordel nudler mellem skåle og slev suppe over nudler. Top med koriander; tjene.

9. Serverer fire.

59. Majssuppe (Trinidad)

Ingredienser:

- 2 aks frisk majs
- 1/2 kop linser, ukogte
- 1-2 kopper rodfrugter, skåret små (yams, kassava, taro, sød kartoffel, grøn banan)
- 1/2 kop gulerod i tern
- Salt (efter smag)
- Sellerisalt (efter smag)
- 1-2 tsk hot chilisauce (eller efter smag)
- Vand til kogning, ca. 2 kopper
- 1 kop modent græskar, skrællet og skåret i tern
- 1/2 tsk timian
- 1-12 ounce kan kokosmælk
- (Olivenolie til at dryppe ovenpå - valgfrit)
- Hakket koriander/koriander blade eller chadon-béni /culantro, hvis du har det

Rutevejledning:

1. Kog kornene i usaltet vand. Skær i runde stykker med en hakkekniv.

2. Læg dal i en dyb gryde og dæk dal med vand. Når det er blødt, tilsæt græskar, rodfrugter og gulerod, salt, timian og hot chilisauce. Kog indtil de er bløde, men ikke desintegrerede. Grøntsagerne skal holde deres former.

3. Tilsæt majs og kokosmælk og lad det simre. Sørg for, at suppen ikke bliver for tyk. Hvis det er, tilsæt vand.

4. Dryp olivenolien ovenpå. Drys med de hakkede korianderblade/chadon-béni.

60. Dakkochi (Korea)

Ingredienser:
- 8 udbenede, skindfri kyllingelår

Marinade
- 4 spsk sojasovs
- 4 spiseskefulde soju (koreansk vin)

Sovs
- 6 spiseskefulde gochujang (rød peberpasta)
- 4 spsk gochucharu (rød peberpulver)
- 4 spsk sojasovs
- 4 spiseskefulde soju (koreansk vin)
- 2 spsk sesamolie
- 2 spsk revet ingefær
- 2 spsk honning
- 1 kop asiatisk pære i tern

Rutevejledning:

1. Skær kyllingen i mundrette stykker og dæk med marinade i mindst en time.

2. Kombiner alle ingredienserne til saucen i en blender og blend indtil det er blandet. Træk kyllingestykkerne på udblødte

træspyd og grill, indtil de lige er gennemstegte.

3. Tag den af varmen og påfør saucen på kyllingen med en pensel. Lad kyllingen stå i mindst 10 minutter.

4. Placer på en opvarmet grill og steg indtil kyllingen er let forkullet, men gennemstegt.

61. Fish & Chips (Storbritannien)

Ingredienser:

- 2 kopper eller mere vegetabilsk olie til friturestegning
- 4 ounce (1/2 kop) mel
- Knivspids salt
- 2 æg, pisket
- 1 kop mælk
- 1 kop vand
- Omkring 2 pund store kartofler
- 4 fileter af torsk eller kuller, der vejer omkring 8 ounce hver
- Malt eddike
- Salt efter smag

Rutevejledning:

1. Hav en frituregryde klar med 2 kopper olie opvarmet til 335°F
2. Begynd at varme olien op i en frituregryde.
    3. Kom mel og salt i en skål og bland de sammenpiskede æg i. Tilsæt gradvist mælk og vand, indtil blandingen minder om tynd fløde. Stil til side og lad stå i et par timer.

4. Skræl samtidig kartoflerne og skær dem i strimler, 1/2 tomme lange og 3/4 tomme brede. Brug en frituregryde og opvarm olien til 335°F. Læg kartoffelstrimler i en kurv og blancher dem - ved at stege, indtil de er møre, men stadig blege. Brun dem ikke.

5. Fjern kurven fra olien, dræn den og lad den køle af. Et køleskab er bedst til dette.

6. Når du er klar til at spise, skal du genopvarme olien eller fedtet til 365 ° F. Dyp fisken i dejen, læg i stegekurven og sænk forsigtigt ned i det varme fedtstof. Steg til de er sprøde og gyldenbrune. Dræne.

7. Steg derefter de blancherede chips i et par minutter, indtil de er sprøde og brune. Dræne.

8.   Drys hver portion med salt og malteddike, og pak derefter ind i fedtsugende papir efterfulgt af avispapir.

9. Serverer fire.

62. Stegt kyllingestrimler (afrikansk)

Ingredienser:

- 2 pund udbenede kyllingebryststrimler
- 1-1/2 tsk paprika
- 1 tsk salt
- 1 tsk peber
- 1-1/2 kopper mel
- 1-2 æg, pisket
- 1/2 kop mælk
- 2 kopper vegetabilsk olie

Rutevejledning:

1. Læg kyllingen i en stor skål. Krydr rå kyllingestrimler med paprika, peber og salt.
2. Mel kyllingen ved at lægge den i en pose (papir eller plastik) med halvdelen af melet og ryste den.
3. Pisk æg i en skål. Fjern kyllingestrimler fra posen. Dyp melede kyllingestrimler i ægget. Fjern og læg strimler i mel igen. Tag kyllingestykkerne ud af posen og ryst ekstra mel af.

4. Lad kyllingestrimlerne hvile i flere minutter, så belægningen kan hæfte.
5. Varm olien op i en dyb pande.
6. Test olietemperaturen ved at hælde en klat mel i, som skal brune, ikke brænde. Tilsæt kyllingen til olien.
7. Kog grundigt i cirka fire minutter, vend lejlighedsvis, indtil de er gyldenbrune på alle sider. Fjern, afdryp på en rist og server varm.
8. Serverer 10-12.

63. Pommes frites med mayonnaise (Belgien)

Ingredienser:

- 3 lbs kartofler
- Oksefedt til stegning

Rutevejledning:

1. Hav en frituregryde klar med mindst 1 kop olie opvarmet til 320°F.
2. Skræl kartoflerne og sørg for at alle mørke pletter er fjernet.
3. Skyl med koldt vand.
4. Skær dem i skiver på 1/2 tomme.
5. Tør dem med et køkkenrulle (eller masser af køkkenpapir).
6. Opvarm olien til 320°F.
7. Læg kartoflerne i friturekurven. Sænk dem ned i olien i portioner i fem minutter.
8. Fjern dem fra olien og læg dem på noget køkkenpapir og lad dem hvile i cirka 30 minutter (det meste af olien vil blive absorberet af papiret).
9. I mellemtiden skal du genopvarme olien til 360 ° F og tilføje mere olie, hvis det er nødvendigt.

10. Læg kartofler i kurven og steg dem igen, indtil de er sprøde og gyldne (kun et til to minutter).
11. Lad dem dryppe af igen på køkkenrulle eller i en trådnetsi inden servering.
12. Server med salt og mayonnaise.

13. Serverer fire.

64. Ful Meddames (Mash Egypt)

Ingredienser:

- 1 pund tørrede favabønner, udblødt natten over
- 1 spsk rå æblecidereddike
- 3 spiseskefulde tahin
- 6 fed hvidløg, hakket
- 1 spsk spidskommen pulver
- 1 spsk malet korianderfrø
- Saft fra 2 store persiske limefrugter
- Ekstra jomfru olivenolie, salt og peber efter smag
- 1 stor frisk tomat, finthakket
- 1 agurk, skrællet og skåret i tern
- 3-4 grønne løg, hakket
- Bunke persille, hakket

Rutevejledning:

1. Læg et pund tørrede favabønner i blød natten over i varmt vand med en spiseskefuld æblecidereddike.
2. Efter iblødsætning kasseres vandet og bønnerne skylles godt. Kom bønnerne i en stor gryde og dæk med

vand. Bring det i kog, og kog derefter ved lav-middel varme i 4-5 timer i en almindelig komfur eller 1,5 time i en trykkoger.

3. Hvis du bruger en almindelig gryde, skal du kontrollere vandstanden med få timers mellemrum, og tilsætte varmt vand, når vandet løber lavt på grund af fordampning.

4. Når skindet omkring bønnen er blevet blødt nok til at tygge, er bønnerne gennemstegte.

5. Fjern fra varmen. Hak seks fed hvidløg fint og tilsæt bønnerne.

6. Tilsæt tre spiseskefulde tahin og rør godt rundt. Tilsæt spidskommen, koriander, salt, peber, olivenolie, limesaft og bland. Brug en stavblender til at blande bønner med krydderier.

7. Til den tilhørende salat skærer du tomaten i tern og hakker agurk, grønne løg og persille.

8. Server de mosede bønner varme i en skål, toppet med hakket salat og sammen med varmt, ristet pitabrød.

9. Serverer fire til seks.

65. Irio (Kenya)

Ingredienser:

- 2 pund kartofler, hakkede
- 16 ounce grønne ærter, friske eller frosne
- 16 ounce majskerner, friske eller frosne
- 8 ounce grønkål, mangold eller spinat
- 1 stort hakket løg
- 8 ounce kogte sortøjede ærter
- 1 tsk salt

Rutevejledning:

1. Læg kartoflerne i vand nok til at dække. Bring det i kog og kog i cirka 20 minutter, til kartoflerne bliver noget bløde.
2. Tilsæt majs, grønkål og løg. Tilsæt salt. Lad det koge tilbage, reducer varmen og lad det simre, indtil kartoflerne er gennemstegte, cirka 20 minutter.
3. Dræn det resterende vand, og lad det simre forsigtigt, indtil det er mørt (ca. 30 minutter).

4. Mos dem med en kartoffelmoser i gryden. Juster salt efter smag.

5. Serverer fire.

66. Kylling Kabiraji (Indien)

Ingredienser:

- 5 grønne chilier
- 1 lille løg
- Saft af 1 lime
- 1 spsk ingefærpasta (fås i indiske madbutikker)
- 1 tsk stødt spidskommen
- 1 tsk stødt koriander
- 2 teskefulde salt
- 1/2 tsk stødt gurkemeje
- 10 halve kyllingebryst eller fem hele bryster
- 3 æg
- 2 spsk mel
- 2 tsk fine brødkrummer
- Olie til overfladisk stegning

Rutevejledning:

1. Kværn løg, chili og limesaft til en pasta.
2. Bland den formalede pasta med ingefærpastaen, formalede krydderier og 1 tsk salt

3. Kat kyllingebryst med krydderipastaen. Dæk skålen til og mariner i køleskabet i mindst to timer.
4. Pisk æggene godt sammen, dyp kyllingebryst i æggeblandingen, derefter i mel og til sidst i rasp.
5. Varm olien op i en dyb, tung stegepande, indtil den ryger. Beklæd kyllingen med dejen, læg den i olien, sænk varmen til medium, og kog indtil kyllingen er færdig, cirka 15 minutter.
6. Serverer fire til seks.

67. Nihari (oksekødgryderet, Pakistan)

Ingredienser:
- 2 store løg, skåret i skiver
- 1 spsk olie
- 1 pund udbenet oksekød, skåret i 1-1/2-tommers terninger Et-tommers stykke frisk ingefær
- 3 fed hvidløg
- 1 tsk chilipulver
- 1 tsk salt
- 2 teskefulde mel

Garam Masala (krydderiblanding)
- 6 nelliker
- 1 tsk spidskommen frø
- 8 sorte kardemommefrø, fjernet fra bælge
- 8 sorte peberkorn
- 1 to-tommers stykke kanelstang

Pynt
- Ingefær i skiver, grøn chili i skiver, hakkede friske korianderblade

Rutevejledning:

1. Varm olie op i en tung pande. Tilsæt løg og steg i fem eller seks minutter, indtil de bliver gyldenbrune.
2. Tilsæt kødet, kog over medium varme i 30 minutter, omrør ofte.
3. Blend ingefær og hvidløg med lidt vand i en foodprocessor til de er glatte. Tilføj til kødet og steg 10 minutter mere. Tilsæt chilipulver og salt, og kog yderligere 30 minutter.
4. Kværn imens krydderierne til et fint pulver. Bland mel og krydderier med lidt vand, rør i oksekødsblandingen og tilsæt fire kopper vand.
5. Bland godt og steg, tæt tildækket, ved meget lav varme i cirka en time, eller indtil kødet er mørt.
6. Inden servering tilsættes pynten og serveres med naan eller andet fladbrød.
7. Serverer fire.

68. Nohutlu Pilav (Ris Pilaf , Tyrkiet)

Ingredienser:

- 1 kop kikærter
- 2 kopper kortkornet ris
- Varmt vand til at dække risene
- 1 tsk salt
- 3 dl hønsefond
- 4 spsk smør
- Salt efter smag
- Peber efter smag

Rutevejledning:

1. Kom kikærter i en gryde og dæk med koldt vand. Læg i blød natten over.
2. Næste dag drænes vandet fra og kikærterne dækkes igen med vand. Sæt dem på komfuret, bring det i kog, skru ned for varmen, og kog kikærterne møre. Stil til side til afkøling. Dræn kikærterne og fjern skindet med fingrene så meget som muligt.
3. Udblød risene i varmt, men ikke kogende vand med en teskefuld salt. Når det er afkølet, drænes og skylles

under koldt vand, indtil vandet er klart.

4. Bring fonden i kog, tilsæt kikærter og smør. Rør ris og en teskefuld salt i, når det koger. Dæk til og skru ned for varmen til lav.

5. Lad det simre, indtil al væsken er absorberet af risene, cirka 20 minutter. Der opstår små huller på risens overflade, når væsken absorberes.

6. Fjern fra varmen og læg et par lag køkkenrulle under låget og dæk til igen. Sæt til side cirka 10-15 minutter. Inden servering blandes forsigtigt for at lufte risene. Drys eventuelt med sort peber.

7. Serverer seks.

69. Kartoffelkarry (Indien)

Ingredienser:

- 1-1/2 spsk vegetabilsk olie
- 1 tsk spidskommen frø
- 2 tsk gurkemejepulver
- 1-2 tsk chilipulver
- 1 pund kartofler, kogt, skrællet og skåret i tern
- Salt efter smag
- 3 kopper varmt vand

Rutevejledning:

1. Varm olien op i en wok ved middel varme. Når de er varme, sauter du krydderierne i 30 sekunder. Brænd dem ikke.
2. Tilsæt kartoflerne og derefter det varme vand. Kog over medium varme, omrør ofte, indtil den resulterende sovs tykner. Tilføj mere vand, hvis det er nødvendigt.
3. Server med puri (et friturestegt indisk brød) og en chutney.
4. Serverer fire.

70. Ris og bønner (Belize)

Ingredienser:

- 1/2 pund røde kidneybønner, udblødt natten over
- 4 kopper vand
- 1 tsk salt
- 2-4 fed hvidløg, knust og hakket
- 1 stort løg, groft hakket
- 2 ounce salt svinekød eller saltet oksekød
- 2 tsk frisk timian, hakket
- 1 kop kokosmælk
- 1 kop ris
- Kværnet sort peber efter smag

Rutevejledning:

1. Læg udblødte, drænede bønner i en dyb gryde med hvidløg, løg og saltet kød. Læg låg på, bring det i kog, reducer varmen og kog indtil bønnerne er næsten møre, cirka en time.

2. Sørg for, at væsken er reduceret til omkring en kop. Tilsæt timian og kokosmælk og bring det i kog.
3. Rør ris i, læg låg på, reducer varmen og kog indtil risen er færdige, cirka 20 minutter. Drys med sort peber.

4. Serverer fire.
5. For at gøre dette ægte belizeansk, server med en varm sauce, habanero foretrækkes, men vær meget forsigtig.

71. Ris Graz (Fried Rice, Burkina Faso)

Ingredienser:

- 3 fed hvidløg
- 4 tomater, hakkede
- 1/2 løg, finthakket
- 2 varme chilier
- Frisk persille, hakket
- 4 spsk tomatpure
- 1 liter vand
- 1 bouillonterning
- 2 kopper ris
- 4 grønne peberfrugter, hakket
- Olie til stegning
- Salt og sort peber efter smag

Rutevejledning:

1. Læg i skålen på en foodprocessor. Forarbejd hvidløg, tomater, chili, løg og persille for at lave en pasta.
2. Tilsæt en halv kop olie i en stor pande og hæld chilipastaen i den. Sæt gryden med olien og chili tomatpuréen på en medium-høj brænder og kog i otte minutter.

3. Rør tomatpuréen i. Tilsæt en liter vand og bouillonterningen og bring det i kog under omrøring.

4. Tilsæt ris og peberfrugt. Skru ned til kogepunktet, læg låg på og kog i 15 minutter. Tjek vandet, reducer det til en meget blid kogning, og fortsæt med at koge, tildækket, i yderligere 10 minutter (alt vandet skal være absorberet).

5. Serverer fire til seks.

72. Ristede hjertemuslinger (Cambodja)

Ingredienser:

- 2 pund hjertemuslinger, rene og skyllede
- 1/2 kop olivenolie
- 2 tsk kosher salt
- 2 chili, hakket
- 1 fed hvidløg, hakket
- 2 spsk limesaft

Rutevejledning:

1. Forvarm ovnen til 450°F.

2. Læg tilberedte hjertemuslinger i en lav bradepande og bag dem i 5-10 minutter, indtil de er åbne (ryst bakken af og til).

3. I mellemtiden kom olivenolie og krydderier i en gryde ved middel varme. Lad simre i to til fire minutter. Sæt til side.

4. Kassér lukkede hjertemuslinger og læg åbne hjertemuslinger og deres saft i en serveringsskål. Vend med olie og server.

5. Serverer seks til otte.

SANDWICHES & WRAPS

73. Svinekamsandwich (Danmark)

Ingredienser:

- 2-4 skiver flæskesteg med knitren
- 4 spsk - sursød rødkål
- 3 spiseskefulde mayonnaise af god kvalitet
- 1 spsk stærk, grov sennep
- 2 pickles, skåret i skiver
- 1 dame æble
- Nogle rødløgsringe (valgfrit)

Syrlig-sød rødkål

- 1 mellemstor rødkål
- 1/2 flaske rødvin
- Krydderier: nelliker, laurbærblade, kanelstang, peber, stjerneanis
- 2 løg
- Salt
- 3 spsk ande- eller gåsefedt
- 2 kopper balsamico- eller cidereddike
- 2 spsk rørsukker, afhængig af sødmen af vin og eddike

Rutevejledning:

1. Varm evt. svinekam og rødkål op.

2. Rør mayonnaise med sennep og fordel på brødskiver.

3. Læg rødkål, kød, skåret cornichoner, skåret æble og løgringe i lag på den ene skive brød og luk med den anden skive for at lave en sandwich.

4. Kog rødvin med tørrede krydderier i 5 minutter og lad det trække i 15 minutter.

5. Fjern stilken fra kålhovedet, hvis der er en, og riv den. Pil og hak løg.

6. Sauter rødkål og løg i gåsefedt i en stor tykbundet gryde.

7. Hæld rødvin gennem en sigte for at fjerne krydderierne i gryden og tilsæt salt.

8. Lad det simre i mindst en time – flere timers tilberedning vil give en blød og vidunderlig velsmagende kål.

9. Smag rødkål til med eddike og sukker.

10. Serverer to.

74. Krydret fiskesandwich (Libanon)

Ingredienser:

- 2 pund hvid havfisk filet
- 3 spsk ekstra jomfru olivenolie
- 4 fed hvidløg, knust
- 1 kop finthakket koriander
- 1/2 tsk stødt koriander
- 1/2 tsk stødt spidskommen
- 1/2 tsk knuste røde peberflager

Til tatarsaucen _

- 1/2 kop tahin
- Saft af 1 citron, eller efter smag
- 1/2 kop vand
- Havsalt

Til hvidløgssaucen

- 5 store fed hvidløg
- 1 mellemstor kartoffel, kogt og moset
- 1/3 kop ekstra jomfru olivenolie
- 3-4 spsk siet yoghurt

Til sandwichene

- 6 mellemstore pitabrød
- 1 mellemstor tomat, skåret i tynde skiver

- 1 kop revet salat

Rutevejledning:
1. Forvarm ovnen til 180°C
2. Læg fiskefileten med skindsiden nedad på en grill i et ovnfad. Bag fisken i 25-30 minutter eller til den netop er færdig. Oversteg ikke fisken, ellers bliver den gummiagtig. Lad afkøle. Flag i små stykker, dæk til og stil til side.
   3. Svits olie, hvidløg, koriander og malet koriander i en stegepande, under omrøring hele tiden, indtil duften stiger. Tilsæt derefter spidskommen og rød peber. Bland godt og tag af varmen.
   4. Lav taratoren ved at blande ingredienserne sammen, tilsæt salt efter smag, indtil du har en cremet sauce, og hæld i en lille gryde. Sæt over medium varme og bring i kog under jævnlig omrøring. Når saucen begynder at koge, tilsæt den sauterede koriander og lad den simre i cirka fem minutter, eller indtil den begynder at skille sig , og olien stiger

op til overfladen. Fjern fra varmen og lad afkøle.

5. Dræn eventuelt væsken fra fisken, og tilsæt tahinisaucen. Bland godt, smag derefter til og juster krydderiet.

6. Lav hvidløgssaucen ved at mose hvidløgsfeddene med lidt sauce i en morter med en støder. Bland kartoffelmosen i, og dryp derefter langsomt olien i, som om du laver en mayonnaise. Smag saucen til, og hvis den er for skarp, tilsæt den siede yoghurt og mere salt efter smag.

7. Åbn pitabrødet ved sømmen og læg hvert andet lag over hinanden med den ru side opad. Spred hver topcirkel med lidt hvidløgssauce. Fordel fisken ligeligt mellem pitabrødene, fordel lige store mængder tomat og salat over fisken, og drys med lidt havsalt. Rul pitaen over fiskefyldet og lad enten hver sandwich være hel og skåret i to diagonalt - du kan riste sandwichen

let i en Panini-brødrister eller mod en varm stegepande. Pak de nederste halvdele ind med en papirserviet og server med det samme.

8. Brug alternativt fisken som topping til crostini. Rist seks skiver brunt eller andet brød og fordel hver med hvidløgssauce. Fordel lidt revet salat over hvidløget og dæk med lige store mængder fiskeblanding. Drys en lille mængde tomater i fint tern over det hele og drys med lidt havsalt. Server straks med citronbåde.

9. Hvis du vil lave sandwichen med blæksprutte, så sauter koriander og hvidløg med alle krydderierne som beskrevet i følgende tekst og tilsæt citronsaft efter smag. Når det er afkølet, blandes det med kogt, hakket blæksprutte. Lav sandwichen med samme pynt.

10. Serverer seks.

75. Zapiekanka (Polen)

Ingredienser:

- 1/2 pund svampe
- 4 spsk smør
- skiver gouda- eller mozzarellaost
- 6 skiver skinke eller salami
- 1 spsk hakket oregano
- 1 spsk malet paprika, varm eller mild efter smag
- Ketchup og mayonnaise efter smag

Rutevejledning:

1. Skær brødet i kvarte til fire stykker. Tag lidt af perlen ud for at give plads til fyldet.
2. Smelt smør i en tung stegepande. Tilsæt svampe og svits indtil de er gennemstegte.
3. Fyld hver halvdel af brødet med sauterede svampe.
4. Læg osten over svampene og derefter kødskiverne.
5. Drys brødhalvdelene med oregano og paprika.

6. Hav en varm slagtekylling klar. Stil fyldt brød under slagtekyllingen i et til to minutter, eller indtil osten er smeltet.

7. Server med ketchup; mayonnaise er valgfrit.
8. Serverer to.

76. Kyllingefyldsandwich (Irland)

Ingredienser:

- Tilberedt kyllingebryst i skiver
- Skiveskåret hvid pande (brød)
- Smør
- Mayonnaise
- Fyld

Rutevejledning:

1. Smør to skiver hvidt brød med smør og mayonnaise. Arranger skiver af kogt kylling ovenpå. Top med persille og timian, eller salvie- og løgfars. Skær i halve på diagonalen og server.
2. Til fyld, sved finthakket løg i smør, indtil det er blødt. Tilsæt de hakkede krydderurter og rasp og bland godt. Smag til med salt og peber og kog langsomt ud, indtil smagen er blandet.

77. Burritos (USA)

Ingredienser:

- 1/2 mellemstor løg, groft hakket
- 1 fed hvidløg, moset og finthakket
- 1 pund magert hakkebøf
- 2 tsk chilipulver
- 1/2 tsk stødt spidskommen
- Salt og peber efter smag
- 1 dåse (16 ounce) refried bønner
- 8-12 ounce krukke mexicansk chilisauce, rød
- 6 store mel tortillas

- Valgfrit: revet mexicansk ost, creme fraiche, guacamole, hakkede tomater, revet salat.

Rutevejledning:
1. Forvarm ovnen til 350°F.
2. Svits løg og hvidløg i en stor stegepande ved middel varme, indtil det er gennemsigtigt.
3. Tilsæt hakkebøf og steg, indtil kødet er brunet, rør ofte for at bryde kødet op. Dræn fedt fra panden.

4. Rør chilipulver, spidskommen, salt og peber i; simre i 10 minutter. Tilsæt refried beans og halvdelen af chilisaucen. Opvarm grundigt.

5. Læg tortillaerne ud på et bræt eller tallerken. Placer omkring 1/2 kop af hakkebøfblandingen på hver tortilla, rul sammen og læg sømsiden nedad på en bageplade. Gør det samme med resten af tortillaerne.

6. Sæt i forvarmet ovn og bag i 10 minutter. Fjern og server som den er eller med valgfrit tilbehør.

7. Serverer seks.

78. Shawarma Ghanam (Libanon)

Ingredienser:

- 1-3/4 pund lam fra skulderen, i tynde skiver (ca. 3 kopper)
- 2 mellemstore løg, skåret i tynde skiver
- Saft af 1 citron, eller efter smag
- 4 spiseskefulde ekstra jomfru olivenolie
- 1/2 tsk stødt kanel
- 1/2 tsk stødt allehånde
- Få kviste frisk timian, blade
- Salt
- Friskkværnet sort peber
- 2-4 spsk olivenolie, til sautering

Til sandwichene

- 2-3 runde pitabrød med en diameter på ca. 8 tommer eller 4-6 ovale
- 4-6 små tomater, skåret i tynde skiver
- 1/2 mellemstort rødløg, meget tynde skiver
- 4-6 cornichoner, skåret i tynde skiver på langs
- 1/2 tsk finthakket mynte
- 1/2 tsk finthakket fladbladet persille

- Tahinisauce efter smag

Rutevejledning:

1. Kom kødet i en stor røreskål, tilsæt løg, citronsaft, olivenolie, krydderier, timian, salt og peber. Bland godt og lad derefter marinere i køleskabet i to til fire timer under omrøring af og til.

2. Stil en stor stegepande over medium-høj varme. Når det er meget varmt, tilsæt kødet og sauter i et par minutter eller indtil det er færdigt efter din smag.

3. Hvis du bruger runde pitabrød, skal du rive dem op i sømmene for at få fire til seks separate cirkler. Anret lige store mængder kød i midten af hvert brød.

4. Pynt med lige store mængder tomat, løg, cornichoner og krydderurter og dryp så meget tahinisauce på, som du vil. Rul hver sandwich ret stramt. Pak den nederste halvdel af sandwichene

ind med en papirserviet og server med det samme.

5. Hvis du bruger ovale pitabrød, skal du åbne ved sømmen for at skabe en stor lomme. Smør den nederste halvdel med tahinisauce og fyld hvert brød med lige store mængder sandwich-ingredienser. Server straks.

6. Serverer seks.

SALATER & SUPPER

79. Grøn papaya salat (Thailand)

Ingredienser:

- 1/2 tsk rejepasta
- 2 spiseskefulde vegetabilsk olie
- 2 spsk fiskesauce
- 3 spsk limesaft
- 1 spsk sukker
- 1/8 tsk chiliflager
- 1 lille grøn papaya, revet
- 2 kopper bønnespirer
- 1-2 tomater, skåret i tynde skiver eller lange strimler
- 3 grønne løg, skåret i lange strimler
- 1 kop blancherede grønne bønner
- Rød chili (f.eks. fugleøjne), frøet, efter smag
- 1/2 kop frisk basilikum, hakket
- 1/2 kop ristede jordnødder
- To kviste frisk koriander

Rutevejledning:

1. I en stor skål røres rejepasta, vegetabilsk olie, fiskesauce, limesaft, sukker og chiliflager sammen.

2. Kombiner papaya, bønnespirer, tomater, løg, grønne bønner, chili og det meste af basilikum i skålen med dressingen. Kast godt.
3. Tilsæt nødder og vend igen.
4. Drys med koriander og resterende basilikum og server med det samme.
5. Serverer to.

80. Papaya salat (Laos)

Ingredienser:

- 2 kopper grøn papaya, skåret i terninger omkring 1/2-tommers firkantet
- 2 chili, hakket
- 1 fed hvidløg, hakket
- 3 spsk limesaft
- 1 tsk limeskal
- 1 tsk fiskesauce
- 3 spsk sukker

Rutevejledning:

1. Smid hakket papaya, chili og hvidløg sammen i en skål.
2. I en separat skål blandes limesaft, fiskesauce og sukker sammen, indtil det hele er inkorporeret (i Laos anbringes disse i skålen med en morter og males med en støder til en pasta).
3. Bland limeblandingen i papayablandingen, indtil alle stykkerne er belagt.
4. Serveres køligt.

5. Serverer fire.

83. Nudelsuppe, Myanmar)

Ingredienser:

- 3 spsk olivenolie
- 1 kop løg, hakket
- 3 fed finthakket hvidløg
- 1/2 ounce frisk ingefær, finthakket
- 1 tsk finthakket citrongræs
- 1 tsk chilipulver
- 1 tsk stødt gurkemeje
- 1-1/2 liter vand
- 4 spsk fiskesauce
- 4 spsk rismel
- 1 pund havkat
- 1 pund risnudler

Rutevejledning:

1. Varm olie op i en dyb, tung pande, tilsæt løg, hvidløg, ingefær, citrongræs, chilipulver og gurkemeje. Lad det simre ved middel varme, indtil det dufter.
2. Tilsæt vand, fiskesauce og mel. Bland og bring det i kog under grundig

omrøring. Reducer til at simre i 20 minutter.

3. Skær i mellemtiden havkat i stykker, tilsæt suppen og kog i 10 minutter.

4. Kog vand i en separat gryde og kog risnudler i cirka fem minutter, indtil de er møre. Dræn og tilsæt suppen.

5. Serverer fire.

81. Oksekødsnudelsuppe (Vietnam)

Ingredienser:

Bouillon

- 3 ounce frisk ingefær, skåret i 3-4 stykker
- 1 stort løg, halveret
- 4 skalotteløg
- 3 pund oksehale, hakket
- 3 pund okseskank
- 1-1/2 liter vand
- 1 pund kinesiske radiser, groft hakket
- 3 gulerødder, hakket groft
- 4-stjerneanis (hel)
- 6 nelliker (hele)
- 2 kanelstænger
- 1/4 kop nuoc mam (fiskesauce)
- Salt efter smag

For at afslutte suppen

- 1/2 pund rund oksekød, skåret i tynde skiver på tværs af kornet
- 1 pund tørrede risnudler
- 1 stort gult løg, skåret i tynde skiver
- 2 grønne løg, hakket

- 2 røde chili, knust
- 2 liter vand
- Pynt
- 1 kop frisk koriander
- 1/2 kop frisk mynte
- 1 lime, skåret

Rutevejledning:

1. Forvarm slagtekyllinger og steg ingefær, løg og skalotteløg på en bageplade i et til to minutter, eller indtil de er brune. Sæt til side.
2. Læg oksehaler og okseskaft i en stor dyb gryde med 1-1/2 liter vand. Bring i kog. Når vandet koger, skummes overfladen, indtil den er klar og fri for skum, ca. 10 minutter. Tilsæt stegt ingefær, løg og skalotteløg og radiser, gulerødder og krydderier.
3. Dæk delvist til og lad det simre ved middel varme i 3-1/2 time.
4. Lad køle af. Si bouillonen og fjern kød og grøntsager. Sæt til side og gem grøntsager til brug i et andet

tilbehør. Lad bouillonen stå et køligt sted - et køleskab er fint. Når fedtet stiger til toppen, skal du skumme og kassere det. Tilsæt fiskesauce og salt. (giver cirka otte kopper).

5. Udblød risnudlerne i cirka 15 minutter i varmt vand.

6. Bring bouillon i kog og tilsæt tyndt skåret oksekød, snittet løg, grønne løg og chili. Bring det i kog, reducer til simre ved middel varme, og kog indtil oksekødet er gennemstegt, cirka 10 minutter.

7. I mellemtiden opvarmes to liter (eller mere) vand i en stor gryde til kogning. Tilsæt opblødte nudler og kog i et til tre minutter. Dræn straks.

8. For at servere, hæld nudler i en skål og top med bouillon og grøntsager. Pynt med koriander, mynte og lime.

9. Serverer fire til seks.

82. Oksekødsnudelsuppe (Taiwan)

Ingredienser:

- 5 kopper vand
- 1 kop sojasovs
- 1/4 kop pakket lys brun farin
- 2 tsk frisk ingefær
- 1 bundt grønne løg
- 3 fed hvidløg, knust
- 10 friske korianderstilke
- 1/2 kop løst pakket frisk koriander
- 4 hele stjerneanis
- 1/4 tsk rød peberflager
- 2-1/2 pund oksekød korte ribben
- 2 kopper hønsebouillon
- 10 ounce kinesiske hvedemelsnudler
- 1 kop friske mungbønnespirer
- Friske korianderkviste

Rutevejledning:

1. Bring vand i kog i en fem- til seks-kvarts gryde. Tilsæt sojasovs, brun farin, ingefær, hvide dele af grønt løg, hvidløg, korianderstilke, stjerneanis og rød peberflager,

reducer derefter varmen og lad det simre uden låg i 10 minutter.

2. Tilsæt korte ribben og fortsæt med at simre, tildækket, vend af og til, indtil kødet er meget mørt, men ikke falder fra hinanden. Dette kan tage op til 2-1/2 time; når det er færdigt, lad kødet stå i kogevæske, utildækket, 1 time.

3. Fjern kød fra bouillon og skær det på tværs af kornet i 1/2 tomme tykke skiver.

4. Skum oksebouillon og kassér faste stoffer; tilsæt hønsebouillon og kød og varm suppen op ved moderat lav varme.

5. Kog nudlerne i usaltet kogende vand, indtil de er møre, dræn derefter og tilsæt til bouillon.

6. Pynt med grøn del af grønne løg, og korianderkviste og mungbønnespirer.

7. Serverer fire som hovedret.

DESSERTER

83. Aloo Pie (Trinidad)

Ingredienser:

- 1 kop hvidt mel
- 1 tsk bagepulver
- 3/4 tsk salt
- 1/2 kop vand (ca.)
- 1/2 pund kartofler
- 1/4 tsk sort peber
- Rød chilipeber eller varm pebersauce efter smag (valgfrit)
- 1/2 tsk spidskommen pulver
- 1/2 tsk hakket hvidløg
- 1 kop vegetabilsk olie

Rutevejledning:

1. Sigt mel, bagepulver og halvdelen af saltet, tilsæt vand og ælt let. Dæk med fugtigt klæde og stil til side.
2. Kog kartofler i saltet vand, til de er bløde skræl, og mos.
3. Krydr kartoffelmosen med resten af salt, sort, spidskommen, hvidløg og den varme peber eller sauce, hvis den bruges.

4. Del dejen i fire kugler og flad hver kugle til en fire-tommer cirkel. (De kan også gøres mindre, hvis du foretrækker det.)

5. Læg to spiseskefulde af kartoffelblandingen på halvdelen af hver runde dej, fold den sammen til en halvmåne, og forsegl fælgene ved at bruge lidt vand, og tryk derefter ned med fingrene eller en gaffel.

6. Steg dem en efter en i varm olie i et par sekunder, vend det om, og kog til det er gyldenbrunt.

7. Afdryp på køkkenrulle.

8. Gør fire store aloo .

84. Pie Floater (Australien)

Ingredienser:

- 1 stort brunt løg, finthakket
- 2 spiseskefulde vegetabilsk olie
- 1 pund magert finthakket eller hakket oksekød
- 3/4 kop oksekød eller grøntsagsfond
- 1 spsk majsstivelse
- Knivspids salt
- Knip peber
- 2 plader frossen tærtedej
- 2 plader frossen butterdej
- 4 kopper oksebouillon
- 2 teskefulde bikarbonat sodavand
- 1 pund tørrede grønne ærter, gennemblødt natten over i vand nok til at dække
- 1 tsk bagepulver

Rutevejledning:

1. Aftenen før, læg ærter i en dyb pande, dæk med vand blandet med bagepulver og lad det stå natten over. Afdryp, når den er klar til at lave mad.

2. Forvarm ovnen til 450°F.
3. I en gryde sauteres løgene i lidt olie. Tilsæt oksekødet og brun det.
4. Tilsæt bouillon, krydderier og majsstivelse. Kog over medium varme, under konstant omrøring for at inkorporere majsstivelsen, indtil en tyk sovs er dannet omkring fem minutter.
5. Smør fire 3 x 6-tommer tærteforme. Skær 3 × 7-tommer cirkler fra piecrust-dej for at beklæde bunden og siderne af pander. Fyld med oksekød og sovsblanding. Børst fælge med vand.
6. Skær 3 x 7-tommer cirkler fra butterdej. Læg over kød. Tryk for at forsegle. Trimme. Læg tærterne på en varm bakke.
7. Bages i forvarmet ovn i 20-25 minutter eller indtil de er gyldne.
8. Mens tærterne bager laves ærtesovsen.
9. Vask de rehydrerede ærter for at slippe af med snavs og kom dem i en

gryde med en teskefuld bagepulver og oksebouillon.

10. Bring det i kog og kog til ærterne er meget bløde.
11. Mos eller purér ærterne og bouillonblandingen til konsistensen af en tyk suppe.
12. Hæld ærtesauce på en tallerken og læg en varm tærte ovenpå.
13. Laver fire tærter.

85. Fiadu (Surinam)

Ingredienser:

Dej
- 1 pund universal hvidt mel
- 1 tsk salt
- 1 pakke tørgær
- 4 spsk smør
- 4 spsk sukker
- 2 æg, pisket
- 8 ounce (1 kop) mælk

Fyldning
- 8 ounce rosiner
- 3-1/2 ounce kandiseret skræl
- 3 ounce ristede mandler
- Stuvet ananas
- 2 spsk sukker
- 1 tsk kanel
- 4 spsk smør, smeltet

Stuvet ananas
- 2- til 12-ounce dåser ananas, drænet
- 2 spsk sukker
- Saft af 1 citron

Rutevejledning:
1. Forvarm ovnen til 375°F.
2. Hæld ananasen i et dørslag, saml væsken.
3. Kom ananasskiverne i en gryde, tilsæt to spiseskefulde sukker og citronsaften. Lad det simre ved svag varme i cirka 30 minutter, indtil væsken er fordampet.
4. Hak ananassen på et bræt med en stor køkkenkniv i små stykker.

Dej

5. Smelt fire spiseskefulde smør i en glasskål i mikrobølgeovnen, indtil det er smeltet (ca. et minut). Rør sukker, æg og mælk i og bland godt.
6. Kom mel i en stor skål af en røremaskine udstyret med en dejkrog. Rør først saltet i og derefter gæren i hvedemelet. Tænd for røremaskinen, og tilsæt æggeblandingen lidt efter lidt for at lave en sammenhængende dej.

7. Når der er dannet en blød dej, tages skålen ud af røremaskinen og lægges i en plastikpose. Lad eller hæve i 1 til 1-1/2 time.

Fyldning

8. Kom rosinerne i et dørslag og skyl under koldt rindende vand.
9. Kom rosiner i en lille skål, hæld kogende vand over og lad dem trække i cirka 15 minutter.
10. Dræn rosinerne og tør med køkkenrulle. Bland med den stuvede ananas, rosiner og mandler.
11. Bland sukker og kanel i en lille skål og læg til side.

At samle

12. Hav en 10 x 8-tommers bageplade eller en bradepande i lignende størrelse klar. Overtræk med smeltet smør.
13. Drys et tyndt lag mel på arbejdsfladen, læg dejen ovenpå, og drys en (lille) smule mel over dejen.

Rul dejen ud med en kagerulle til et rektangel på cirka 10 × 18 tommer.

14. Pensl dejen med et generøst lag smør og drys den med blandingen af sukker og kanel - cirka en tomme fra kanterne. Fordel fyldet på dejen. Rul dejen med start fra den lille side.

15. Skær dejen i skiver (strimler) på cirka en tomme. Læg skiverne i bradepanden. Pensl toppen med en pensel med det resterende smør. Sæt bradepanden lidt over midten af ovnen.

16. Bages i cirka 25 minutter.

86. Fiskekager , Norge)

Ingredienser:

- 1 pund filet kuller, torsk eller anden hvid fisk
- 1 æg
- 1 kop mælk
- 2 spsk kartoffelmel
- En knivspids muskatnød
- Salt og hvid peber efter smag
- Frisk hakket purløg
- Smør til stegning

Rutevejledning:

1. Skær fileterne i små stykker og kom dem i skålen på en foodprocessor. Tilsæt mel, æg, salt, peber og muskatnød. Bearbejd indtil glat. Tilsæt mælk gradvist under behandlingen. Tilsæt den hakkede purløg.
2. Brug en stor ske til at forme kager af dejen.
3. Varm flere spiseskefulde smør i en kraftig stegepande. Steg hver fiskekage i smør på begge sider,

indtil den er lysebrun. Lad køle af. Serveres varm eller kold.

4. Kan serveres som et måltid med dampede grøntsager, kogte kartofler og brunet smør.

5. Gør seks.

87. Kaiserschmarrn (Dumplings, Østrig)

Ingredienser:

- 3 æg, adskilt
- 1/4 kop mel
- 1 tsk sukker
- 1/2 tsk vaniljeekstrakt
- 1/2 tsk salt
- 4 ounce mælk
- 1/4 kop smør
- 1/4 kop rosiner

Rutevejledning:

1. Del æggene i to skåle. Pisk æggeblommer, indtil det er glat. Rør mel, sukker, vaniljeekstrakt, salt og mælk i og form en dej.
2. Pisk æggehviderne stive. Vend forsigtigt hviderne i dejen.
3. Smelt smørret i en bradepande og hæld det i dejen.
4. Drys lidt rosiner over dejen og steg den ved svag varme.
5. Når den er sat, fjern "omelet" fra panden og skær den i seks mindre

stykker. Varm mere smør i gryden, tilsæt de seks stykker, og steg til de er gyldenbrune.

6. Fjern Kaiserschmarrn fra panden og server med flormelis og æblemos eller Zwetschkenröster (blommesauce).

7. Gør seks.

88. Karantita Algérienne (Algeriet)

Ingredienser:

- 1-1/2 kopper filtreret vand
- 3-4 spsk ekstra jomfru olivenolie eller ghee, delt
- 2 spsk frisk rosmarin, hakket
- 1 tsk tørret sumac
- 2 teskefulde salt
- 1/4 tsk sort peber
- 3/4 tsk røget chipotle chilipeber

Rutevejledning:

1. Læg kikærtemelet i blød natten over. Tilsæt 2 kopper kikærtemel, 1-1/2 kopper filtreret vand og to spiseskefulde rå æblecidereddike i en skål. Pisk sammen til der ikke er klumper. Dæk og lad dejen stå natten over på bordet.

2. Tilsæt 1 spsk ekstra jomfru olivenolie eller ghee, 2 spsk frisk finthakket rosmarin, 1 tsk tørret sumac, 2 tsk uraffineret salt, 1/4 tsk sort peber, og hvis du vil have et lille kick, 3/4 tsk chilipeberpulver .

3. Olér panden. Tilføj to til tre spiseskefulde ekstra jomfru olivenolie eller ghee til en 12- eller 14-tommer støbejerns- eller nonstick-pande, sørg for, at bunden og siderne er olieret, og hæld derefter den krydrede kikærtedej i.

4. Kog karantænen. Tænd for varmen på medium, og efter tre til fire minutter vil du bemærke, at der dannes bobler. Hold varmen på medium-lav og dæk til, hvis det sprøjter (det bør ikke sprøjte meget - hvis det er, skal du sænke varmen).

5. Kog på den ene side i syv til otte minutter, eller indtil bunden er stivnet og begyndt at blive gylden (løft lidt op for at kontrollere).

6. Når den ene side er stegt, brug en stor flad spatel til at vende karantitaen på den anden side. Tilsæt mere olie, hvis det ser tørt ud.

7. Kog i yderligere syv til otte minutter, eller indtil den side også er blevet gylden. Sluk for varmen og tilbered

eventuelt ønskede toppings såsom harissa eller sauterede grøntsager, mens skorpen afkøles lidt.

89. Kremówka Papieska (Polen)

Ingredienser:

Vanillecreme

- 2 kopper sødmælk
- 1/2 tsk vaniljeekstrakt
- En knivspids salt
- 6 æggeblommer, pisket
- 3/4 kop sukker
- 1/3 kopper mel
- Flormelis
- Flødeskum (valgfrit)

Rutevejledning:

1. Forvarm ovnen til 400°F/200°C
2. Rul hvert stykke butterdej let ud og skær hvert ark let i ni sektioner.
    3. Læg hver plade mellem to plader bagepapir, læg den på en rist, og læg en anden kølerist på hovedet oven på det øverste stykke bagepapir.
    4. Sæt butterdejen i ovnen. Efter 15 minutter fjernes den øverste afkølingsrist og det øverste lag bagepapir . Bages i yderligere 15

minutter, indtil butterdejen er gylden.

5. Tag det ud af ovnen, fjern det andet lag bagepapir, og afkøl helt.
6. I en mellemstor gryde bringes mælk, vanilje, salt, æggeblommer, sukker og mel i kog over medium varme, mens du konstant rører med et piskeris. Skru lidt ned for varmen og fortsæt med at koge i et minut under konstant omrøring med en træske.
7. Tag gryden af varmen og sæt den i et isvandbad for at køle af.
8. Stil cremecremen på køl. Når den er kold, fordeles cremen tykt over det nederste lag af wienerbrød, og top med det andet bagte lag.
9. Støv med konditorsukker. Skær og server, med flødeskum hvis det ønskes.
10. Serverer ni.

90. Pan Bread (Israel)

Ingredienser:

- 3-1/2 dl brødmel
- 1 ounce frisk gær
- 1 niveau spiseskefuld salt
- 1/2 spsk sukker
- 3 kopper lunkent vand
- 3 skiver hvidt brød
- Olie til stegning

Rutevejledning:

1. Kom mel, gær, salt og sukker i en dyb skål og bland med tre kopper vand til en dej.
2. Læg brødskiverne i blød i vand i et par minutter, pres derefter tørre og blend. Tilsæt til dejen og bland godt - gøres bedst i hånden!
3. Dæk skålen til og lad den stå ved stuetemperatur i mindst to timer, så dejen bliver dobbelt så stor.
4. Opvarm en slip-let pande og olie let. Tør overskydende olie af med et køkkenrulle - der skal ikke mere til

under stegning. Hæld lidt dej i gryden. Steg ved middel varme, indtil toppen fyldes med bobler og bunden bliver brun. Steg ikke den anden side.

5. Panden skal afkøles mellem omgangene, så bunden af lahoukhen forbliver glat, uden bobler. Hold den på hovedet under den kolde hane.

6. Server med blandet tomat og koriander og varm relish.
7. Gør omkring 20.

91. Mælkebudding (Libanon)

Ingredienser:

- 3 kopper mælk
- 3 dybe spsk majsstivelse eller malet ris
- 1/2 kop sukker
- Små 1/4 tsk malet mastiks (valgfrit)
- 1-1/2 tsk orange blomstervand
- 1-1/2 tsk rosenvand
- 1/2 kop ristede mandler eller pistacienødder i skiver

Rutevejledning:

1. Kom mælk og majsstivelse (eller malede ris) i en gryde. Sæt over høj varme og bring det i kog under konstant omrøring.
2. Reducer varmen til lav, tilsæt sukkeret, og fortsæt med at røre i yderligere fem til syv minutter, eller indtil væsken er tyknet.
3. Tilsæt appelsinblomsten og rosenvandet og lad det simre under stadig omrøring i et par minutter mere.

4. Fjern fra varmen, hæld i en stor lav skål eller fire individuelle, afhængig af hvordan du kan lide at servere den, og lad den køle af, inden du pynter med mandler eller pistacienødder.

5. Serveres afkølet.
6. Serverer fire.

92. Risengrød (Ægypten)

Ingredienser:

- 1 kop egyptiske ris (ligner Arborio eller sushi ris)
- 2 kopper filtreret vand
- 1/2 kop sukker
- 1 tsk kanel
- 1 tsk vaniljeekstrakt
- 1/2 kop rosiner
- 4 kopper sødmælk
- Knivspids salt
- 1/2 tsk rosenvand (valgfrit)
- Håndfuld usaltede pillede pistacienødder (valgfrit)

Rutevejledning:

1. Skyl ris under rindende vand, indtil vandet er klart. Dræn og tilsæt til gryden og dæk med to kopper filtreret vand og en knivspids salt.

2. Bring det i kog og skru derefter ned for varmen. Kog i 20 minutter og luft med en gaffel.

3. Tilsæt sukker, kanel og rosenvand (hvis det ønskes) til risene og bland godt.

4. Tilsæt fire kopper sødmælk og bland for at inkorporere. Øg varmen til medium og fortsæt med at røre, indtil sukkeret er opløst, og ris og mælk er godt indarbejdet. Blandingen begynder at tykne efter ca. 15 minutters omrøring.

5. Tilsæt vaniljeekstrakt og rosiner i blandingen, og rør igen.

6. Serveres varm eller kold, med hakkede usaltede pistacienødder, hvis det ønskes.

7. Serverer fire til seks.

93. Vetkoek (Oliekager, Sydafrika)

Ingredienser:

- 4 kopper (brød) mel
- 1 spsk tørgær
- 2 spsk sukker
- 2 teskefulde salt
- 2-1/4 kop (smør)mælk eller vand
- 8 kopper solsikkeolie til friturestegning

Rutevejledning:

1. Kom mel, gær og sukker i en stor (plastik)skål og bland med en træske.
2. Tilsæt saltet, og tilsæt mælken eller vandet, mens du rører langsomt, til en tyk dej. Dæk med plastik eller et fugtigt (rent) køkkenrulle. Lad hæve i 1 til 1-1/2 time på et varmt sted eller ved stuetemperatur i 2 til 2-1/2 time.
3. Kom olien i en stor gryde med tyk bund. Varm olien op ved høj varme til ca. 375°F.
4. Dyp to spiseskefulde i den varme olie. Brug den ene ske til at øse en skefuld dej ud og den anden til at hælde den i den varme olie. Gentag metoden. Sørg

for, at gryden ikke bliver for overfyldt.

5. Sænk varmen til medium; når den er færdig, vil den (gyldenbrune) vetkoek vende sig helt af sig selv. Ellers, og hvis den skal brunes, vend vetkoeken rundt med en gaffel eller ske.

6. Vetkoek, på størrelse med en tennisbold, skal bruge omkring fire minutter. Fjern vetkoeken fra gryden med en hulske og læg dem på et fad dækket med et lag køkkenpapir (papiret suger olien til sig).

7. Hvis den spises kold, er det tilrådeligt at bruge kærnemælk til at forberede dejen, fordi almindelig mælk vil gøre dem fedtede.

8. Apostlenes Gerninger 12-16.

94. Hakket svinekød wonton (Kina)

Ingredienser:

- 2-ounce stykke ingefær, skrællet
- 1/4 kop vand
- 16 ounce hakket svinekød, ideelt med omkring 30% fedt
- 1 æg, pisket
- 1 spsk sesamolie
- 1 tsk risvin eller tør sherry
- 3/4 tsk salt
- 1/4 tsk hvid peber
- 3 spsk kyllinge- eller svinefond
- 100 butikskøbte wonton-indpakninger

Rutevejledning:

1. Knus stykket ingefær meget godt for at frigive smag og lad det trække i 1/4 kop vand.

2. Bland hakket svinekød med iblødsætningsvandet fra ingefæren, det sammenpiskede æg, sesamolie, risvin, salt og hvid peber. Tilsæt kyllinge- eller svinefond, en halv

teskefuld ad gangen for at tilføje fugt til blandingen.

3. Med en wonton-indpakning liggende på den ene hånd fyldes med ca. 1/2 spiseskefuld fyld. Omslut ved at folde omslaget til en trekant. Forsegl ved at trykke forsigtigt på de to sider.

4. Tag de to ender af trekanten og fold ned, indtil spidserne mødes og overlapper lidt. Tryk for at binde enderne.

5. Hav en stor gryde med kogende vand klar.

6. Læg forsigtigt dumplings, et par ad gangen, i vandet, ikke trængsel, og kog indtil fyldet er gennemstegt (ca. tre minutter).

7. Dræn og læg krydderiet ovenpå. Bland let.

8. Hvis det ønskes, pynt med hakkede grønne løg eller koriander, eller finthakket rå hvidløg eller ingefær.

95. Arepas (Majsmelskage , Venezuela)

Ingredienser:

- 2 kopper instant majsmel (hurtig tilberedning)
- 1 tsk salt
- 2 kopper varmt vand
- 2 spsk smeltet smør
- Oliven- eller rapsolie til stegning

Rutevejledning:

1. Kom majsmel i en skål, tilsæt vand og smeltet smør, og rør rundt med en stor ske, indtil det er godt blandet.
2. Form cirka 15 lige store kugler. Placer kugler på vokset papir eller en olieoverflade (de vil klæbe, hvis de placeres på en ikke-glat overflade). Med en spatel flad hver kugle til en tyk kage omkring tre centimeter i omkreds.
3. I mellemtiden opvarmes en til to spiseskefulde olie i en kraftig stegepande over medium varme. Når alle er klar, læg så mange arepas, som der er plads til i gryden.

4. Sauter arepaerne , indtil de er sprøde brune på ydersiden på den ene side. Vend hver enkelt og brun på den anden side. Pas på ikke at brænde dem.
5. Kog alle arepas og stil til side.
6. Når du er klar til at fylde, del den i to vandret. Fyld med ost, kød eller grøntsagsfyld og spis lunt.

7. Gør 15.

DRIKKE

96. Majsdrik (Haiti)

Ingredienser:

- 4 kopper vand
- 2 kanelstænger eller 1/2 tsk stødt kanel
- 3 stjerneanis
- 1 kop majsmel
- 1 tsk vaniljeekstrakt
- 2 (12 ounce) dåser inddampet mælk
- 1/4 kop sukker
- Salt efter smag

Rutevejledning:

1. Kog fire kopper vand i en dyb gryde, tilsæt krydderier og salt og kog indtil krydderierne er godt bløde og vandet dufter.
2. Bland majsmelet godt med en kop koldt vand og et skvæt salt.
3. Sænk varmen og hæld langsomt majs-vand-blandingen i det kogende vand, under konstant omrøring, indtil det bliver tykt og glat.

4. Tilsæt vaniljeekstrakt og en dåse inddampet mælk. Lad blandingen køle af.

5. Fjern krydderierne og tilsæt sukker og inddampet mælk efter smag.

97. Ayran (yoghurtdrik, Tyrkiet)

Ingredienser:

- 3 kopper yoghurt
- 3 kopper koldt vand
- 1 tsk salt

Rutevejledning:

1. Kom yoghurt og salt i en skål og rør indtil cremet, tilsæt vand gradvist for at blande grundigt.
2. Bland skiftevis alt i en blender ved høj hastighed, indtil det er skummende.
3. Server i glas. Nogle kan lide at bruse det op med lidt mousserende mineralvand.

98. Ingefærdrik (Vestafrika)

Ingredienser:

- 3 kopper kogende vand
- 1/2 kop skrællet og revet frisk ingefærrod
- 1/2 kop agave nektar
- 1 tsk hele nelliker
- 2 kanelstænger
- 1/4 kop limesaft
- 4 kopper vand

Rutevejledning:

1. Læg ingefær, agave, nelliker og kanel i en beholder. Hæld kogende vand over krydderierne og lad det trække i mindst en time.
2. Tilsæt limesaft og vand. Rør rundt og lad blandingen sidde i mindst en time mere. Si brygget og opbevar i en glasbeholder i køleskabet.
3. Serverer seks til otte.

99. Lassi (sød yoghurt, Indien)

Ingredienser:

- 1 kop almindelig yoghurt
- 1/2 kop mælk
- 1 kop hakket mango
- 2-4 tsk sukker (efter smag)
- Et skvæt malet kardemomme (valgfrit)

Rutevejledning:

1. Kom yoghurt, sukker, mango og vand i skålen med en blender eller foodprocessor.

2. Bearbejd indtil skummende. Drysset kardemommepulver på toppen.

100. Varm vin fra Alsace (Frankrig)

Ingredienser:

- 1 citron, skrællet og gemt
- 2 appelsiner, skrællet og gemt
- 1 liter rødvin (f.eks. Pinot Noir)
- 1 kanelstang
- 2 nelliker
- Knip eller 1/4 tsk revet muskatnød

Rutevejledning:

1. Skræl appelsin og citron. Sæt skal til side.
2. Skær appelsin og citron i tern.
3. Bland vin, sukker, kanel og skal i en dyb gryde. Opvarm over lav varme i tre til fem minutter. Tilsæt krydderier og varm ved svag varme i 20 minutter.
4. Læg nogle af de hakkede appelsiner og citron i hvert glas. Hæld varm vin gennem en si i glas og server.
5. Serverer fire til seks.

KONKLUSION

Mad er en helt vital del af rejseoplevelsen. Nøglen til at forstå et steds kultur og historie ligger ofte i dets køkken. Mens mange globetrottere vælger at gøre dette ved at bestille bord på en populær turistfælde-restaurant, mener vi, at for at finde den bedste mad et nyt sted, er man ofte nødt til at gå på gaden.

At spise streetfood er ikke kun en nem og billig måde at fylde din mave på, men det åbner også døren til en hel verden af fuldkommen lækkerhed. Fra skubbevogne i rustfrit stål og tvivlsomt udseende natmarkedsboder til kiosker og bagsiden af cykler, vil du ofte opdage, at det bedste lokale køkken bliver lavet af en lokal på gaden i stedet for en stor kæde eller en celebrity-styret restaurant.

www.ingramcontent.com/pod-product-compliance
Lightning Source LLC
Chambersburg PA
CBHW070501120526
44590CB00013B/719